元家裁調査官からのことづて

悩みを生きる幸せ

少年非行、離婚、家族の病いを手がかりにして

山﨑　一馬

木星舎

表紙カバー・本扉挿画（線画）　さとう　じょう（四歳）

推薦の辞

神田橋　條治

もう四十年ほど、スーパーバイザーや助言者の役割をしてきた。他の人々のそれを見聞して他山の石とすることが多かった。助言者は「傍目八目《おかめはちもく》」の位置にいる。俯瞰できる利点がある。逆に、離れていることで理解が粗雑になる。理論に依拠した「大所高所」からの助言は、多くの場合「空念仏《からねんぶつ》」に終わる。ボクは、ケース自体と発表者の身近に心を置いて助言をすることに努めてきた。

故・後藤素規先生の主催される、一泊二日の家裁調査官研修会の助言者も十年を越えた。法律の枠のなかでの活動はボクの日常と遠いので、いくら心を砕いても隔靴掻痒《かっかそうよう》の助言となりがちで、しかもボク自身が気づかないことがしばしばある。その時、参加者の中のベテランの調査官の発言が、ボクのコメントの過不足部分を補ったり修正してくれたりする。その中の一人が著者の山﨑一馬さんである。ボクの目の暗点部分が補正される体感が生じる。

ボクは山﨑さんに、自身の経験の蓄積を本にするよう勧め、表題はもう考え済みであるといった。そのとき想定していたのは「闇へ光を」であった。暗点部分に光が射したとのボクの体感からの文言であるが、光が射してはじめて闇の存在が浮き出るとの暗喩を込めていて、家裁調査官の仕事の本質を言い当てていると少し得意であった。

山崎さんの原稿を読んで感銘を受けた。それぞれの極限状況にあるクライアントに添う活動、しかも法の枠のなかでの仕事は葛藤の連続である。状況の葛藤、それから目を逸らさないことでの自身の葛藤、それらを乗り越えるための工夫、そのいずれも「LIFE」に関わるすべての人に示唆を与える。この本質をどのような表題で表したら良いのか、少しばかり悩んだすえ、「悩みを生きる幸せ」とした。人々に悩みから逃げずに生き抜くことを、励まし、助言する知恵からそれぞれが示唆をうけることができる。それは法の枠を越えた普遍性を備えている。

はじめに

家庭裁判所は、家事事件と少年事件を扱います。いずれも法律的な解決を図るだけではなく、離婚等の家事紛争や非行など事件の背景をさぐり、適切で妥当な措置を行うことを目的としています。そのために、人間関係に関わる諸科学の専門家である家庭裁判所調査官（以下、家裁調査官と略）が裁判所内に配置され、専門知識を活用して紛争や事件の原因を解明する仕事に就いています。

国語の教師になるつもりで大学で児童文学を専攻していた私は、当初、自分が家裁調査官の仕事ができるのだろうかとかなり不安でした。一九七三（昭和四十八）年の同期採用者は五十人位でしたが、心理学関係の学部や大学院出身者が多く、私は劣等感を強く持ち、その思いは三十七年間、家裁調査官として仕事をするなかでも十分に払拭することはできませんでした。今から振り返ると、家庭裁判所は、家庭や子どもの福祉を考える機関の一翼を担うところなので、児童文学との縁はあったし、劣等感をバネにして少しでもいい仕事をしたいと思ってやってきたように思います。

その劣等感を払拭し、バージョンアップするために自分にお金と時間を投資しようと考え、手始めに、当時臨床心理学の世界で盛んであったカール・ロジャースの著作を読み、カウンセリング・ワークショップに数年続けて出かけました。しかし、何か物足りなさがあり、九州大学教育学部の前田重治先生の研究会に通ったり、精神分析やユング関係の参考書などを読みました。そういう時代が三十代半ばまで続き、その頃、ある家事紛争ケースに出会いました。

両親は、離婚は決まっているものの、双方とも二人の子どもの親権者になって養育したいと争い、二人では合意できないということで、妻から親権者を定めたいと調停が申し立てられたものです。双方は調停で感情が昂ぶり、紛争の経緯や言い分も全く違っていました。調停が暗礁に乗り上げたので、家裁調査官も紛争解決のためにスタッフとして加わることになりました。

父親は子ども達の生活がわからず不安に思っており、子ども達の気持ちを参考にして親権者のことを考えたいという思いがあったので、私が子ども達と面接して、生活状況や彼らの意向を聴かせてもらい、その面接結果を次回の調停に生かしてもらうことになりました。紛争の渦中にいる子ども達にどのようにして会うのか、非常に悩ましかったことを覚えています。

悩んだ末に思い浮かんだのは、石川元先生の絵画療法の本を参考にして、子ども達に動的家族画を描いてもらうことで、それを調停の中で生かすことで、紛争は一応の解決をみることができました。

これを契機に、一面識もない石川先生に葉書を出して、描画に関する論文をいただきました。その後、多くの敬愛する先生との出会いがあり、分担執筆、学会発表、講演、調査官有志との絵本の出版（『あしたてんきになあれ』未知谷、二〇〇五年）など、家裁調査官としていろいろな経験をすることができました。一本の竹に喩えれば、竹の節を作っていったように思います。

五十代の前半に、精神科医の故・後藤素規先生の紹介で、鹿児島で毎年開催されている神田橋（條治）研究会に参加させてもらうようになりました。その懇親会の席で二〇〇三年、神田橋先生から家裁調査官の経験と技術をまとめて、家庭の問題に直面している人や人間関係支援の仕事に就いている人のために、本を書くように勧められました。ＯＢ家裁調査官からの強い勧めや神田橋先生の助言もあり、非力を顧みずこの本を書き始めることになった次第です。

私の家裁調査官としての歩みを振り返ってみると、二十～三十代は好奇心旺盛で、いろいろな分野に関心を持って外部に出かけていき、山に喩えれば、すそ野を拡げているような感じだったと思います。四十代は、山のすそ野の分野から自分に合いそうなテーマが見つかった時代でした。それが、家族描画法、ブリーフセラピーと家族療法でした。

テーマは一つに決めず、最低限三つくらいはもっておくことが必要なように思います。その理由は、一つがケースに適さなくても他のテーマがあるということ、また、人間の関心は多面的だからです。テーマを持ち始めると、師が見つかります。そして、インターネット、新聞、テレビ、映画、小説、俳句などいろいろな分野で、アンテナに引っかかってくるものがあります。

私は、アンテナに触れると、それに関する情報や自分が思ったことなどを整理していきました。最初は「京大式カード」に、後半は奥野宣之氏の『情報は1冊のノートにまとめなさい』（ナナ・コーポレート・コミュニケーション、二〇〇八年）を参考にしてまとめていきました。

五十代は、自分で深めたテーマや技を後輩に伝えるステージです。神田橋先生の「これからは、自分の経験を若い人たちに伝えることによって成長できたらいいね」という言葉が大切な指針として残っています。

本書は学術書として執筆したものではなく、一人の心理臨床家として、ライフサイクルを意識しながら精進し、迷いながら歩いてきた航跡を記したものです。航跡はしばらくしたら群青色になって海の中に消えてしまいますが、一時的に読者の脳の片隅に置いてもらえたらと思います。この本では、描画療法を手がかりにしながら、もう一方では、神田橋先生や敬愛する先生方から教えていただいたいろいろなことを、司法臨床の場でどのように応用してきたかなどを書き進めます。

現在、私は大学の講師、各種研究会の講師、犯罪被害者や成人の更生保護のカウンセリングなどの仕事に携わっています。一人の司法臨床家としての家裁調査官の経験が、いま、子どもの非行や離婚など家庭内の問題で悩んでいる人たちや、そうした人間関係を支援する人たちのバージョンアップに少しでもお役に立てれば幸いです。

山﨑　一馬

なお、家裁調査官としての仕事に関する本文中の記載は、家事事件では父親、母親、夫、妻、当事者と、少年事件では少年と記載します。心理療法として一般化して述べる場合は、セラピスト、クライエントと記載します。

本文中の事例は、守秘義務を守るため、全て仮名にして人物を特定されないように事例の一部を改変しています。

もくじ

家裁調査官の仕事　少年非行と離婚をめぐって

もくじ

離婚と子ども

家裁調査官の仕事

少年非行と離婚をめぐって

家庭裁判所の中の専門職

集団（公）の利益と個の福祉

多くの人は、それぞれの組織に属して仕事をしており、そこには設立の理念や目的などを実現するためにさまざまな政策などがあります。家庭裁判所も同じです。

家庭裁判所は、「家庭に平和を、少年に希望を」を理念に、主として夫婦関係や親子関係の家事事件に伴う調停や裁判、少年事件の審判、および児童の福祉を害する成人犯罪についての裁判などが行われるところです。

裁判所のバックボーンである法律は、なんのために生まれてきたのでしょうか。

人間は、種の保存のために一人では生きることができません。生き物はすべてそうでしょう。個々の欲望だけでは争いが生じて集団生活ができないので、最低限のルールを作って生活をするようになります。ルール化された法は、集団生活の維持、利益を守るために、公正の視点から個の欲望を制御することになります。つまり法の目的は、「個」よりも「集団」を重んじることになります。

では、家庭裁判所の場合はどうでしょうか。家庭裁判所は、司法的機能と福祉的機能を併せ持った裁判所として戦後まもなく設立されました。精神科医の神田橋條治（一九九〇）は、家庭裁判所の制度について、「法が個の尊重という、いわば〈医〉の領域に乗り入れた機関だ」と述べています。この「集団生活の維持、利益」と「個の福祉」は、基本目的は共有しているものの、しばしば葛藤関係になります。

例えば、社会の耳目を騒がせた少年事件があります。少年個人としては、過酷な生育史を抱え、環境的にも恵まれずに思春期に至って、殺人事件などの重大事件を起こしたものです。世間が、事件の重大さ故に厳罰を求める一方、少年の教育的な指導に重点を置く処分を求める声もあります。少年審判に携わる裁判官や家庭裁判所調査官はその葛藤状態に置かれて、悩みながら仕事をしています。

ここで家裁調査官の仕事について、もう少し触れておきたいと思います。

家庭裁判所調査官の仕事

家裁調査官の仕事は、法律の枠の中に置かれた人間関係援助職です。「司法臨床家」とも言われています。最終目標は、少年事件では、少年が自分が抱えるいろいろな課題を少しずつ乗り越えていき、再犯をせずに社会生活が送れるように援助すること、家事事件で言えば、離婚などの家事紛争の解決に寄与することです。

神田橋（一九九〇）は、家裁調査官の機能を、「法の公正な行動を確かにするために、法の内部で異音をたてる存在である。本質として、法の世界に居ながら、集団と個の尖端部分にいる境界人であり、そのことを意識することが、技能を確かなものとする」と述べています。この差異を整理できないために、家裁調査官としての自己像が揺らぐこともあります。

家裁調査官の少年事件の面接には、少年が非行を乗り越えて更生していくために、①少年の持って生まれた生物的な面、②少年の心理的要因、③家庭、学校、友人などの社会的要因を把握し、その解決を援助する視点があります。

その一方で、犯罪には、ある日突然、理不尽な被害を受ける犯罪被害者がいます。少年が再犯を繰り返していくと、集団生活の維持、利益が守られないので、その視点からのアプローチも必要です。

この二つの視点が、しばしば葛藤関係を生じるため、二つの視点を持ちながら面接を工夫し、技術を磨くことになります。

限られた時間の中で向き合う

家裁調査官の面接は、多くの場合は一～二回で終了します。そして、調査結果を報告書にまとめ、裁判官に意見を付けて提出します。精神科や心療クリニックなどのカウンセリングは数年に亘ることもありますから、面接回数や時間などの違いがあります。限られた一回限りの面接で何ができるのでしょうか。

面接は基本的には人と人との出会いであり、本当の意味でクライエントと出会うかどうかは、面接の回数や長さには比例しないように思います。大切なことは、限られた面接の中で、家裁調査官が審判に必要な事実関係を訊くとともに、少年や当事者の気持ちに、どれだけ寄り添うことができるかどうかだと思います。例えば、面接終了後に、少年から「この人は、今までの大人と違って自分を少なくともわかろうとしてくれた。大人も捨てたものじゃない」、「自分もこの世の中に居てもいいんだ」と思ってもらえたらしめたものです。

心療クリニックの面接でも、いつカウンセリングが終了してもいいような心持ちで面接することが、クライエントの治療に結びつくように思います。カウンセリングの言葉にある「here and now」は、そのことを表していると思います。

もう一つの特徴としては、少年や当事者のその後の経過を知らされず、こちらから連絡して訊くことができないことです。

家庭裁判所は、司法機関の一つで判断・決定するところなので、少年事件で言えば、決定した後は行政機関に任せる仕組みになっています。経過がわかるのは、再度非行を犯した場合だけです。だからこそ茶会の心得で言われている「一期一会」を、どのように意識化して生かすのかという点に工夫がいるように思います。

家裁調査官の面接

聴くことと訊くこと

以前、私は「いのちの電話」の相談員（ボランティア）をしていたことがありました。相談員は、半年くらい研修を受けて委嘱されます。研修では、「傾聴」ということを何度も教えられます。「傾聴」は、『角川類語新辞典』によれば、「耳を澄まして注意を払って、音や言葉の意味を汲み取ろうとする」ことです。クライエントの話を、ひたすら聴き、どのように聴いたかを返し、相づちを打ち、ときには提案したりもしますが、主体は「傾聴」にあります。心療クリニックなどで働いている臨床心理士の役割がそうです。これを「臨床面接」とします。

「傾聴」は、自然に身もこころもクライエントに傾けて聴くので、クライエントの中に「共にある」というイメージが出てきやすくなります。「共にある」というのは、クライエントが、自分のことを理解しようとしているセラピストが、いつも側に寄り添っているというイメージを持てるということでしよう。イメージの中に対象関係ができて、生活に少し元気が出てきます。しかし、「共にある」というイメージは、一瞬で壊れる面もあるので、持続できるような配慮が必要です。

「傾聴」の対極に、相手に質問する意味の「訊く」という言葉があります。専門家がクライエントに質問をして必要な情報を得るための面接、これを「調査面接」とします。

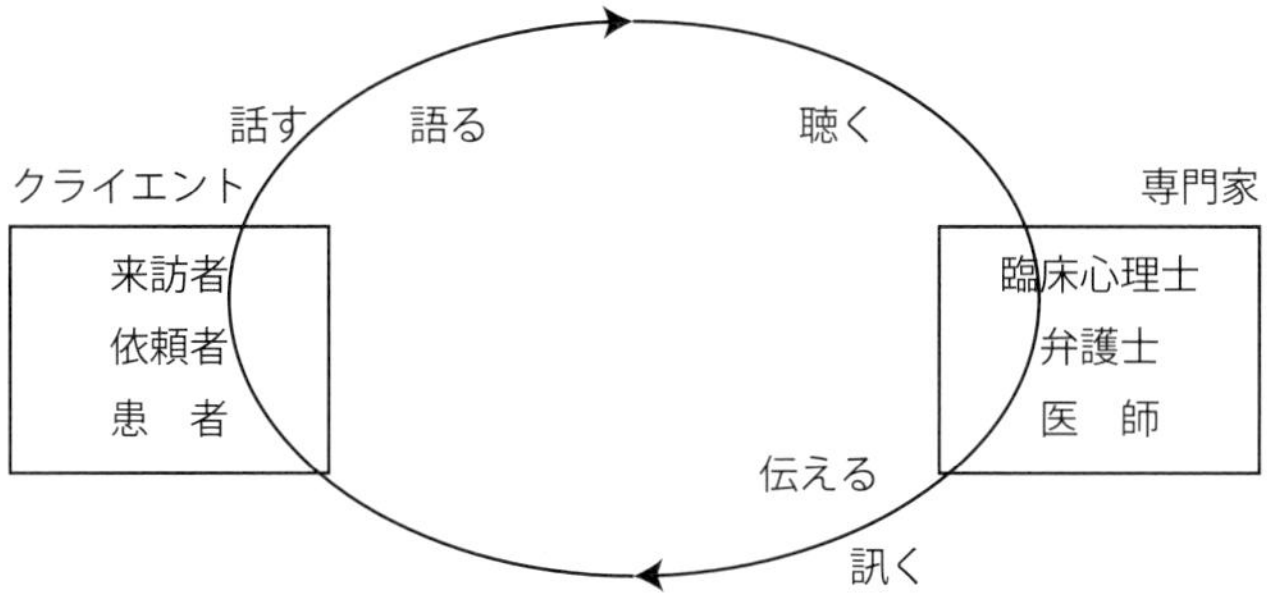

図１　面接における〈語る—聴く〉〈訊く—話す〉コミュニケーション
下山晴彦（2002）

面接はこのように大別すると二つに分類されますが、いずれもクライエントとの間に望ましい対人関係を基礎にして、「聴く」、「訊ねる」コミュニケーションの技法が必要となります。

このことを臨床心理学者の下山晴彦（二〇〇二）が図示（図1）しているので参考にしてください。実際の面接はこの図のように、聴くコミュニケーションと訊ねるコミュニケーションの組み合わせです。「臨床面接」では前者が、「調査面接」では後者が中心的役割を果たすことになります。

調査面接

家裁調査官の面接は「調査面接」になります。調査面接と言っても、ケースの種類によって、一つのケースの中でも、面接の進行状態によって「聴く」、「訊ねる」の技法の組み合わせが変わることがあります。

例えば、家事事件の場合。夫のＤＶ（ドメスティック・ヴァイオレンス＝家庭内暴力）がひどく、妻は協議離婚を求めたが夫が応じず、家裁に調停離婚を申し立てたというケースを想定してみましょう。

妻の主張は、①離婚すること、②子どもの親権者を母親にすること、③子どもが十八歳になるまで、養育費を一人月額三万円を支払うこと、④財産分与として相当額支払うこと、⑤ＤＶの慰謝料として一億円支払うこと。以上は、妻（申立人）自身に意識されている、いわば表向きの動機であり主張です。

一方、妻には、曖昧で十分に意識化されていないが、「誰かに気持ちをわかって欲しい」、「聴いて欲しい」という思いもあります。大方の人は、誰かに感情を分かち合って欲しいものです。この思いを聴かないことには、具体的な話に進んでいきません。

調停を開く前に、妻と面接することがあります。妻宛てに通知を出し、〇月△日に来所してもらう。面接室では、まずこちらから自己紹介し、仕事を休んで来てもらったことを労います。

次に、妻がどのような気持ちで椅子に座っているのか、座り心地に焦点を当てます。そこから一時間前から来ていたとか、昨日から緊張してお腹の調子が変だといった話になり、妻が相当緊張していることがわかります。臨床面接でも最初の十分くらいで、セラピストとの信頼関係が七、八割方構築されると言われていますが、調査面接も同じです。聴くだけでなく、「観ること、観られること」も影響していますが、それについては後述します（一二ページ）。

次に、今回どのような理由から面接するようになったか十分に説明します。その後、申立てをしようと思った契機や出来事、その時の思いなど、現在から過去の夫婦関係に立ち戻りながら聴いていきます。夫婦はほとんどの場合、好き合って結婚しているので、つらい話だけでなく楽しかったことも聴かせてもらうように心がけています。そのほうが、夫婦のありように膨らみが出てくると思うからです。

時系列的に現在から過去に遡って聴くほうが、当事者の未整理な感情が出やすく、情報としてより確かなものが聴けるように思われます。

面接の中でよく出てくる言葉に注意します。頻回に出てくる言葉は、その人にとって重要な意味を持っていることが多いようです。例えば、「他人は信用できない」。この言葉は、父親や母親から学習したものか、自分の経験の中で大きな出来事があり、その対処法として使うようになった言葉かもしれません。

面接の中で、ＤＶなど悲しくてつらいことを訊く必要に迫られることがあります。その場合は、どうしてそのことを訊く必要があるのか、「答えづらいこととは思いますが、無理をせずに答えられる程度で話してください」と伝えます。話すことによって現在の紛争の解決に益があると思われたら、話してもらえます。

話し終えたら、労いの言葉が、技術ではなく自然と出てくるようになればいいと思っています。これは、専門職というより、素人（社会人としての常識）としての感覚です。以前、土居健郎が、「専門家は、いかに素人であり続けられるかが専門家である」と言われたことが頭に残っています。特に、面接を始める時と終わる時は、この素人としての心構えが必要なように思います。

思いを馳せる

先ほどの事例では、妻が離婚に伴う慰謝料として「一億円」を請求しています。夫の年収は二〇〇万円くらいしかなく、支払い能力はありません。そこですぐに「気持ちはわかりますが、一億円は無理です」と言わずに まず、表に現れた事柄よりも、「一億円」に込められているさまざまな思いに、思いを馳せることから始めないと具体的に話が進みません。夫が支払えないとわかっていながら請求するのには、夫を困らせたかったり、復縁を望む気持ちがあったりします。

離婚の場合、申立人の気持ちがはっきりしないようだと、スケーリングをしてもらうことがあります。「離婚の気持ちを一〇〇点満点で表現するとどうでしょうか」と訊いてみる。そうすると、八十点だとか、一二〇点だとか答えてくれます。八十点の場合は、夫との関係を調停でもう一度考えてみたいのかもしれません。夫が何かを改善すれば、まだ回復の余地はあると思っているのかもしれません。一二〇点の場合は、離婚の意思は相当固いと思わざるを得ませんし、相手にもそう伝えると、申立人の心情としては伝わりやすくなります。

語尾、助詞、接続詞も大事です。話を聴いていると、「離婚はしたいのですが……」という言葉が出てくることがあります。この「が」に込められているイメージは何だろうかと少し立ち止まって確認すると、この申立人の言いたいことの構造が少しわかり、お互いにイメージを共有できるようになります。コンセンサス（合意）の大事さであり、面接の中でそれを少しずつ増やしていくことになります。

家事事件は、対立する当事者がおり、家裁では、それを「相手方」といいます。このケースの相手方は、妻によれば、ひどいＤＶを原因とする離婚の申立てに応じてくれない夫です。相手方と調停前に面接することもあります。相手方の夫は、妻から理不尽にも訴えられたと思っていることが多く、まず、その思いに焦点を当てることから始めます。妻の話を事前に聴いていると、夫はとんでもない人だというイメージを持ってしまいがちですが、そういうイメージを持ったまま夫と会うと、反発を受けて面接が進まなくなります。家裁調査官は、自分がどのような心情でいるのか常に意識化しておくことが大事です。意識化しておくと、聴き方も自ずと違ってくるように思います。

そうしておくと、家裁調査官のこころの中は、夫と妻の双方に振れて「ヤジロベエ」のような状態になりますが、面接の進展によってその振れ幅は小さくなっていくように思われます。

見えないものを観る、聞こえないものを聴く

「聴く」ことも「訊ねる」ことも、底流にあるのはイメージのやりとりです。言葉にいかにイメージを乗せることができるのか、間《ま》、イントネーション、調子など小さな工夫が必要です。

落語は「間の芸」と言われており、私も寄席に行ったり、就眠前に聴いたりしていました。落語家が語り口や雰囲気からお客にイメージを送る。客は、「間」を通して登場人物のイメージを思い浮かべながら聴いています。俳句の世界も同じです。俳句は十七音の短詩と言われています。読者は詠み手が伝えたいと思った感動に思いを馳せ、イメージを膨らませながら受け取る。その相互交流がないと俳句は

成り立ちません。

老荘思想に「見えないものを観る、聞こえないものを聴く」という教えがありますが、面接の場面でもそれが言えます。

少年事件の場合

少年事件の場合、面接の態度などの基本は家事事件と同じですが、特徴として、四つ挙げられるように思います。①面接・調査を積極的に受けたいとは思っていないこと。②少年審判に役立つように資料を収集しなければならないこと。③少年の抱えている課題解決に援助的働きかけをするが、一方では、再犯を起こさせない役割があること。④少年と面接できる時間や回数は限られていること。

このような特徴を把握した上で、面接構造の中では、いろいろな小さな工夫が必要になってきます。

観ること、観られること

クライエントから観たセラピスト

家庭裁判所に来るクライエントに、積極的に来る人はほとんどいません。緊張して家裁の玄関をくぐり、受付で案内を求める。そこで受付係が大きな役割を果たすことになります。受付係がクライエントに思いを馳せた言動をしなければ、クライエントの心身は不安定になってしまいます。

以前から思っていたことですが、職種に関係なく、新人の研修に受付の経験を入れたらいいのではないでしょうか。特に臨床心理士のような、人間関係援助職にとっては必要と思われます。

クライエントは、指定された部屋に行ってドアをノックする。ドアのノックの仕方で、クライエントの状態がわかることもあります。待合室に案内されて、そこでしばらくの間待ちます。

自分が当事者になって、家裁に呼ばれて座っていることをイメージしてみるとよくわかります。「クライエントの立場になって考える」ということをよく言われます。以前、私は体調を崩して喉も痛く、病院に行ったことがありました。予約をしていなかったので、ずいぶん待合室で待たされました。待っている間はいろいろなことが頭に思い浮かび、それも悪いほうに考えることが多く、不安になりました。病院で待っているこの心持ちは、家庭裁判所の門を入ってくる少年や保護者、家事事件の当事者と似た心情なのだろうと思います。

しばらくして、担当者が迎えに来て、面接室に招き入れられる。クライエントは、椅子に座り担当者をまじまじと観ることになります。

何を観ているのでしょうか。セラピストの雰囲気、表情、態度、視線、声の調子、イントネーションなどです。初回面接の最初の七、八分が、その回の面接を左右してしまいます。特に障がいを持ったクライエントは、シンプルに、自分にとって敵か味方かを瞬時に見分けるように思います。

クライエントにすれば、お互いの自己紹介の後、まず今、複雑な気持ちで来所して座っていることに焦点を当てられたほうが自然に感じるのではないでしょうか。それは臨床的な面接だからというのではなく、一般人としての感覚です。

調査官は、自己紹介のとき、クライエントの声を初めて聞くことになります。声には、音だけでなくその人の気配が感じられます。言語だけでなくなんらかのメッセージが乗せられているので、それを少しでも聴き取りができるようにしたいと思っています。

私は、四十代頃から、毎朝洗顔をするとき、顔をほころばせたり筋肉をほぐすなどの練習をしています。鏡の中の自分とクライエントが感じる私とは違いますが、小さな工夫から何かができるように思います。

面接が進行するにつれ、セラピストがクライエントの良いところを見つけたり、気づかせたりする言動があると、面接がクライエントにとって意味あるものになってきたと感じられるようになります。クライエントが自然に話がしたくなったり、自分を少し受け入れてくれたと思うようになります。面接を大きく左右するのは、やはりセラピストの人柄と情熱なのでしょう。

セラピストから観たクライエント

セラピストがどのような機関で働いているかによって、面接の内容・方法が違ってきます。家裁調査官の場合、情報としてより確かなものを得るために「観る」工夫が必要となります。まず生理的なもの、身体的なもの、言語ではないでしょうか。目に見える生理的なものは、緊張やリラックス、涙や笑みなどがあります。身体的なものは、手遊び、視線、姿勢、敏捷さや鈍さ、活動性など。言語は、多弁や寡黙、声の調子、応答の形と内容などが挙げられます。

クライエントの言語で表現されている内容と、生理的な面や姿勢が違うことが時々見られます。例えば、悲しくてつらい内容なのに、顔の表情はつらそうでないなど。顔の表情のほうが確かな情報と思いますが、その差異が、その人を理解する上での手がかりになることが多いようです。

離婚する夫婦に子どもがいれば、どちらかが親権者[*1]になって引き取ることになります。それを「親権者指定」といいます。

今、少子化や父親の意識の変化（一因としては、バブル崩壊後、家族が小規模化している中、社会への帰属意識が薄れ、自己を支える拠り所を、子どもに求める割合が大きくなっているように思われる）などの影響で、双方が子どもを引き取りたいという夫婦が多くなりました。面接でその理由を訊くことになりますが、言葉では必死に引き取りたいと主張していても、どこかその必死さが身体全体から伝わってこないことがあります。言葉と身体の差異感です。その差異感を頭の片隅に置きながら面接を進めていきます。

セラピストと出会う前の待合室の様子も情報としては貴重です。少年と保護者の座り方や、その距離などです。

＊1　親権者＝未成年の子どもを監督、保護し、その財産を管理し、その子どもの代理人として法律行為をする権利、義務を施行する権利をもつ人をいう。

クライエントに対する工夫

対処法のリフォームを考える

人は、成長とともに、知らず知らずに物事や他者に対しての対処法を身に着けて自分を保っています。例えば、ギャンブルなどの浪費でお金に困ったときは、サラ金業者に借り入れ、支払いが滞ったときは、最終的に両親やきょうだいに頼って支払ってもらうことも、人によっては対処法です。

しかし、それがうまくいかなかったら、窃盗する人もいるかもしれません。あるいは、アルバイトをして急場を凌いだ成功体験を持っている人もいるかもしれません。クライエントに成功する能力があるということは、共有化したい事柄です。

その上で、今回の対処と何が違うかを訊く。その作業から、クライエントの土台を生かしつつ、対処法のリフォームを一緒に考える作業に移ります。ただしここで、それまでの対処法を一八〇度変えることは、クライエントの土台を解体し、過去を否定することにつながるように思います。

コンセンサスを増やす

カウンセリングの進行中は、コンセンサスをいかに増やしていくかを考えています。

クライエントが話したことを、どのように受け取ったのか、例えば、「今の話は、このように受け取りましたが、それでいいでしょうか」と確かめる。違う場合は、どこが違うか教えてもらう。家族が話題になったときは、「あなたは、お父さんのことを大嫌いと言ったけれど、言っているときの表情や言い方などから、一〇〇％嫌いというわけではないように思うけど、どうだろうか」。

終了時は、「あなたは、自分では言いにくいことも話してくれたように思う。でも会えてよかったよ。話を聴かせてもらった私の感想は、〇〇のところはあなたの売りだと思うよ。今後どこかの分野で生かせたらいいね。でも、この点は今までトラブルに関係しているので、今後の課題だと思うので考えていくといいね。あなたの感想はどうだろう？」と、話すことが多くあります。

クライエントが、面接になんらかの形で関わったという感覚が持てるように少し工夫していきます。クライエントが主体的に関わる部分を増やしていくと、自立の方向に向かうことができると考えます。

描画療法（一二〇ページ参照）を導入する場合も、基本は、自己表現の小道具になるかどうかクライエント自身に選んでもらう心持ちでいます。実施後も、描画の「読み」について「専門書には、この描画の表現は、人間関係が苦手で自分に閉じこもる傾向があるように書かれているけど、あなたの場合はどうだろうか？」と訊きます。そうすると、「ほとんどその通り」と言う場合もありますが、「この点は少し違う」と言われる場合もあります。どの部分がどのように違うのかを聴かせてもらうことによって、面接が膨らんでいき、クライエントが自己を対象化していき、気づきも出てくるように思います。

思い出の彩り

記録・記憶・思い出

荻原浩の小説に若年性アルツハイマー病患者を主人公にした『明日の記憶』（光文社、二〇〇四年）があります。

主人公の佐伯雅行は、迎えに来た妻に自分の名前を名のり、彼女（妻）の名前を訊ねた。答えは少しのあいだ返ってこなかった。妻が「枝実子っていいます。枝に実る子と書いて、枝実子」。佐伯が「素敵な名前ですね」と言うと、ようやく彼女（妻）は少しだけ笑った。

これが、小説のラストシーンです。佐伯は、少しずつ記憶と知性を失い、簡単な計算がおぼつかなくなり、言葉が出なくなり、ひとりでは服も着替えられず、トイレにも行けなくなってしまいます。記憶は人を根っこの部分で支えているし、その人そのものと言えます。小説のように、記憶が無くなっていけば、家族もわからず、自分が自分でなくなっていく。

記録、記憶、思い出とは何だろうか。数年前からぼんやり考えていました。とりあえず、「記録」は、本やコンピューターに記された情報、「記憶」は自分の中に残っている過去の体験や情報、「思い出」は記録や記憶をつなぎ合わせて自分がつくる物語としておきます。

さて、このように人を人としてあらしめている記憶や思い出は、変わらないものなのでしょうか。自然災害で大切な人を失った人や犯罪被害者の人たちの記憶や思い出は、どうなのでしょうか。

記憶の浄化

「記憶は風化するのではなく、浄化されていくことに意味がある」と言ったのは、精神科医の中井久夫です。人間の記憶は、三歳くらいまでは断片的で静止に近く、文脈がない形で残っています。しかし、三歳以降の記憶は、「今との関係」において再現されると言われています。思い出しているのは今の自分なので、過去の記憶をどう捉えるかは、すべて現在との関わり次第ということになります。

記憶は消えてなくなりませんが、今との関わりを持つことで「変形」し得ます。自然の治癒力と同じです。健康な肉体が傷を負っても包み込んで治してしまうように、人間には人生全体の文脈の中に傷を包み込むことができる能力があります。

記憶は、さまざまな形があっても、一つの文脈として集約されていきます。変形して、今との関係において記憶を紡ぎ再編成する。それが思い出ということになるのでしょう。失恋して自殺することまで考えた人も、時が経てば青春の一つのエピソードだったと思う時が来るかもしれません。今をどう生きるかによって、記憶の彩りや意味は変わり得ると思います。

中井は、「どのような記憶も、新しい積極的な経験を天秤の反対側の皿に載せてゆくことによって、記憶の重さと意味が変わっていく」と言います。記憶は消しゴムのように消すことはできませんが、浄化して、思い出の彩りが変わっていくということなのでしょう。

思い出の色合い

名古屋大学の齋藤洋典の「思い出の研究」について、以前テレビで観る機会がありました。人は、二十〜三十分くらいの時間で、どんな思い出が浮かぶのでしょうか。その研究結果では、通常、楽しくて嬉しいことが六割、つらくて悲しいことが三割、中立的なことが一割だそうです。思い出は、現在のこころの状態によって、その彩りの割合が決まるのでしょう。

楽しい思い出が多い場合は、今の生活が充実していると言えるし、つらくて悲しい思い出が多い場合は、何か無理をしているのかもしれません。つらくて悲しいことばかりだと言う人は、なんらかの理由で楽しい思い出がありながら思い出せないのかもしれないし、仮に悲しい内容でも、現在の生活が心身にとって心地よければ、思い出は過去と現在をつなぐものですから、自己の物語を再編成することにより彩りを変えることができるのではないでしょうか。

思い出のちから

少年事件の保護者に小学、中学時代の通知表（連絡表）を持ってきてもらうことがあります。まずは小学、中学時代についての情報を集め、少年の実像をより理解するためです。次に、少年に自分の通知表を見てもらい感想を訊くと、いろいろな感想が出てきます。「サッカーに夢中になり、自分にも輝いていたころがあった」、「小学五年の通知表がないけど、あの担任からは嫌われていたんだ」、「中学一年のころは、落ち込んでいたけど……」等々、通知表からいろいろな記憶が思い起こされます。

記憶の中の体験は、その少年の能力に関する過去の参照文献の一つになります。例えば、イライラして暴力行為の事件を起こしたとします。そこで少年は、イライラした時、一人でサッカーボールを蹴っていた小学校時代の自分を思い起こすかもしれません。それは、イライラしても、暴力という対応をしないでいられる能力があるという発見になります。

成城大学の野島久雄は「思い出コミュニケーション」を提唱しています。その取り組みの一つとして、学生たちは、両親に「親の二十歳の頃」をテーマにインタビューをしています。二十歳前後には人生の転機が訪れるので、そのテーマになったようです。思い出を素材にして語れば、人の知恵や経験を次世代に具体的に伝えていけるそうです。

少年事件でも、私は同じようなことをしています。試験観察[*2]の中で、両親にインタビューをして、両

＊2　試験観察＝家庭裁判所で、少年に対する処分を直ちに決めることが困難な場合、少年を適当な期間、家裁調査官の観察の下におくことをいう。試験観察では、家裁調査官が少年に対して、更生のための助言や指導をしながら、少年が自分の課題を改善していこうとしているかという視点で観察を続けます。この観察の結果などを踏まえて、裁判官が最終的な処分を決めます。試験観察を行う際、民間の人や施設に指導を委ねて観察することもあります。これを「補導委託」といいます。

親の歴史や小さい頃からの思い出をノートに書いてくるように宿題を出します。両親が少年に小さい頃の思い出を話すことにより、家庭に小さな変化が起こることがあるし、何かが始まることもあります。目指す方向としては、自分の命は先祖から連綿と伝えられ、誰か一人でも欠けていたら自分は誕生しなかったこと、そして自らも命のリレーの中に存在することに気づくこと。そこから自尊感情や、他者への思いやりが育まれていけばよいと考えています。

時間軸の中の居場所を見つける

浮島のような記憶を糸でつないでいくと、「思い出」という物語ができます。その思い出の彩りは今の生き方に左右され、トラウマになることもあれば、浄化されることもあります。浄化された思い出は、過去と現在が連なったものという感覚を取り戻し、時間を自分のものとして主体的に使えているという実感を持つことにつながります。

時間軸の中で、自分の居場所を見つけることができれば、将来を思い描けるのだと思います。この一連の作業を共有していけるようにしたいと考えています。

少年事件

非行少年の処遇の流れ

少年の非行問題は、未成年者であるため、成長・発達過程を考慮して保護の観点から、大人とは異なる処遇が行われます。少年非行は、殺人などの凶悪な事件に世間の耳目が集まりますが、事件の約八〇%は窃盗（万引き等）や横領（自転車盗等）など軽微なもので、ふつうは一回限りで非行を乗り越えていきます。

処遇の全体的な流れについては、次ページの図2をご覧ください。

非行少年は、十四歳以上二十歳未満の犯罪をした者（犯罪少年）と、十四歳未満の犯罪をした者（触法少年）に分類されます。前者は主に「少年法」に基づいて、家庭裁判所を中心にした裁判所で処遇されます。後者は主に「児童福祉法」に基づき、児童相談所を中心とした行政機関によって扱われます。

その他、将来、犯罪を起こす虞《おそ》れのある行動をとる者（虞犯《ぐはん》少年）も処遇の対象とします。

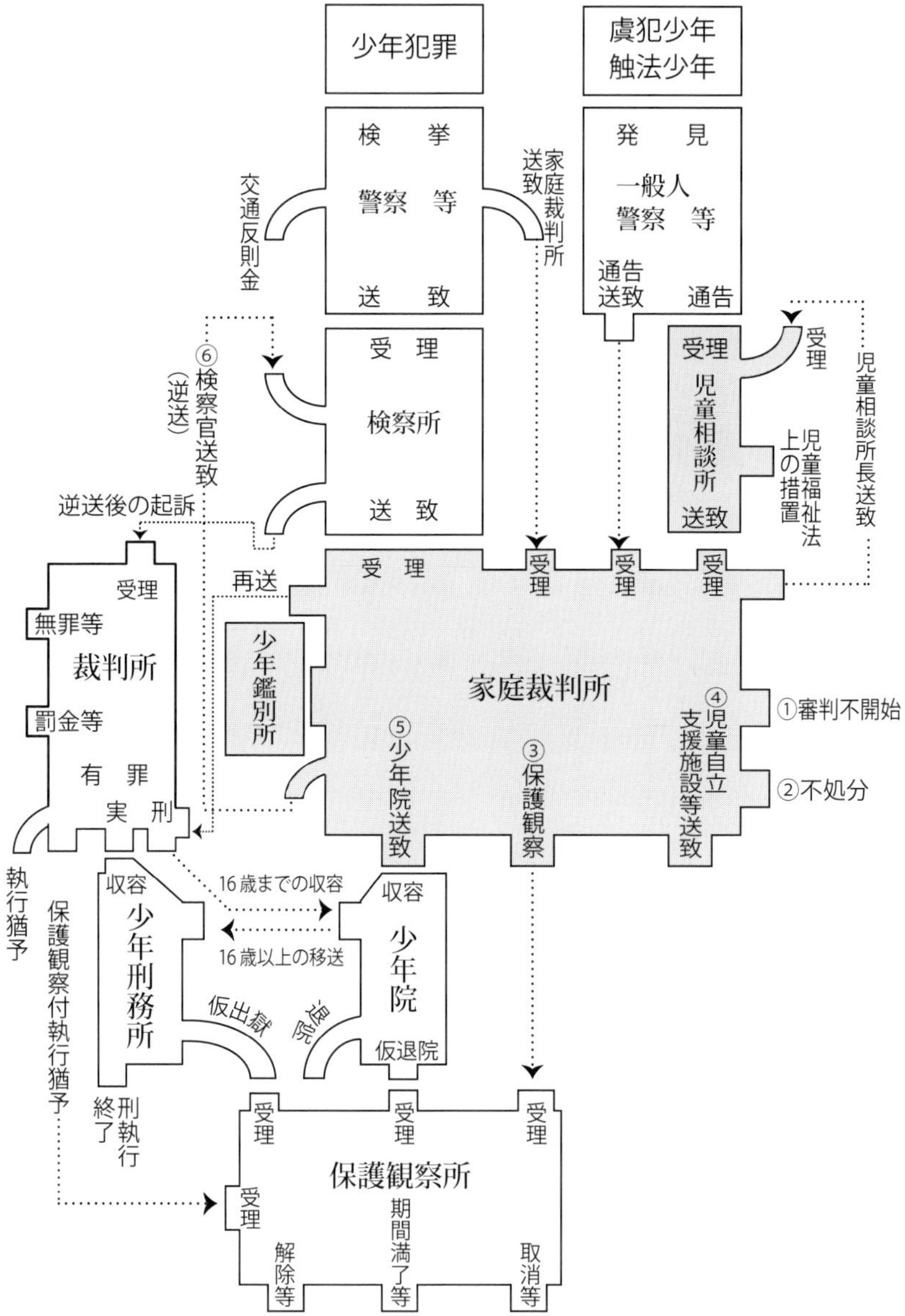

図２　非行少年の処遇の流れ（藤岡淳子著『犯罪・非行の心理学』 有斐閣、2007年より）

これらの処遇の特徴は、少年の非行の内容や被害の程度だけでなく、少年の抱えている課題や少年の将来を考えて行われるところにあります。

少年が犯罪を起こすと、まず警察で検挙、取り調べの後、検察庁を経て家庭裁判所に事件が送致されます。家庭裁判所では、裁判官が家裁調査官に少年の調査をさせます。家裁調査官は、少年と保護者に面接をし、学校や職場の関係者に会い、非行の動機や背景、家庭、友人関係、性格・行動傾向などを総合的に判断して、事件の分析と課題、その課題の解決方法を裁判官に書面で提出します。調査の過程では、少年や保護者に課題解決のために、認知の変化や成長を促すためのカウンセリングもします。

また処遇の最終決定前に、中間的な措置として試験観察が行われることがあります。

事件が重大である場合や特異である場合、少年を緊急に保護する必要がある場合などで、少年の心身について詳しい判断が必要なときは、少年鑑別所に収容することがあります。

裁判官は、家裁調査官の報告書や少年鑑別所の報告を総合し、少年の更生のための処遇を決定します。

処遇の種類には、①審判不開始、②不処分、③保護観察、④児童自立支援施設等送致、⑤少年院送致、⑥検察官への送致があります。

①審判不開始は、主に家裁調査官の教育的指導がなされたとか、非行が極めて軽微で、すでに両親や学校などで指導がなされている場合で、審判を開かずに事件が終わります。

②不処分は、審判を開き、裁判官が少年の課題に応じた教育的指導をし、再犯の危険性が少ない場合に決定します。この①審判不開始と②不処分の決定は全体の約八二％で、大半を占めます。

③保護観察は、少年の抱えている課題は大きいが、施設に収容せずに社会の中で、保護観察所の指導を受けながら更生を図ることです。

④児童自立支援施設等送致は、非行の内容が進んでいなく、家庭的な環境の中で更生を図ることです。

⑤少年院送致は、少年を強制的に少年院に収容し、更生を図ることです。

⑥検察官への送致は、細かい説明は省略しますが、主に重大事件で家庭裁判所の調査や審判の結果、大人として処遇するのが適切と判断された場合です。

非行は複合汚染である

最近の非行は、動機と起こした事件がかけ離れていて、動機のわかりにくさ、非行へのハードルの低さが見られます。少年たちの最近の言葉を拾い上げてみます。

「人を殺してみたかった」、「殺すのは誰でもよかった」、「リア充」[*3]、「透明な存在」など。

秋葉原無差別殺傷事件の加害者は、犯罪の動機の一つとして、携帯サイトの電子掲示板でのトラブルなどを上げています。掲示板は「実際の家族」で、「私の唯一の場所」、「ネットなら奇跡的に話してくれる方がいる」と言っています。インターネットのサイト、携帯電話、ゲーム、スマートフォンの世界が「現実」で、実際に生きている世界が「仮の世界」のように思える。「仮の世界」だからこそ、殺人

＊3　リア充＝「リアル（現実）の生活が充実している人物」を略していう、インターネットの造語。インターネットの世界で生きて、現実が充たされてないことの逆の意味で使われる。

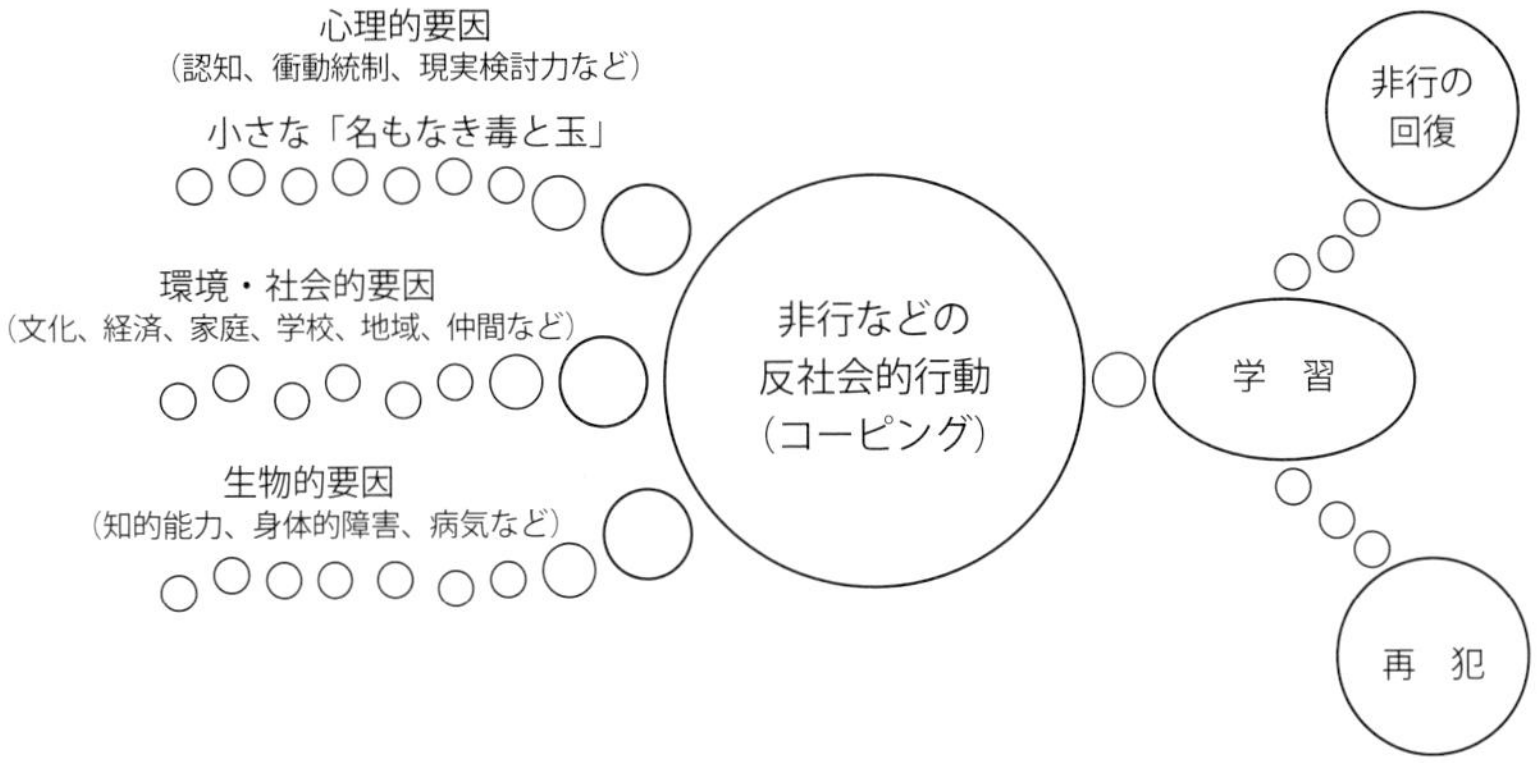

図３　非行の理解

など重大な事件を日常生活の延長として起こしてしまうとも言えます。

人は誰しも身体の中に悪い部分と良い部分、「名もなき毒と玉」をもっています。犯罪は図３のように、生物的、心理的、環境・社会的ないろいろな要因が絡み合った「複合汚染」と言えます。「名もなき毒と玉」が、このような要因によって犯罪というかたちで表現されたり、周囲から評価される行動にもなっていきます。

成人の仮出所者とのカウンセリングでは、今までの人生で「輝いていたころの出来事」を聞かせてもらうことがあります。中には、四十歳の男性が、二十代のころに人命救助で表彰されたときのことを表情豊かに話してくれたこともありました。

とくに少年非行は、大人になるまでの過程にある、自己の危機的状況への対処行動の一つとも言えます。

ここでは、主に心理的な側面に焦点を当てて述べていきます。

非行性の「読み」

非行性の「読み」は、基本は非行事実を訊く中で大まかに把握できます。非行事実の中には、その少年の小宇宙があります。「読み」の質を測る尺度は、近い未来をいかに言い当てるかにあると思います。

「読み」というのは、少年の輪郭を大まかに理解でき、修正しながらいろいろな援助方法を見つけていくもので、原因探求的というより解決志向的なものとしてとらえられます。具体的には、以下の点をまず訊いています。
①少年の生活の中に、どの程度非行文化が入り込んでいるのか。パターン化の有無、程度。
②事件前、犯行時、事件後のイメージ。
事件前に何をしていたのか。犯行時やその前後どんな気分だったのか。非行の態様。
③非行歴（初発非行、非行歴、補導歴）、本件後再犯の有無。
初めに非行が現れてからの推移、非行内容・動機、非行の間隔。
④現在は非行をどのように考えているのか。
次の段階として、①②③の要因を、具体的事実に照らし合わせながら、非行への理解を深めていくことになります。

非行少年へのアプローチ

面接への動機付け――少年の生活事象を活用する

家庭裁判所の門をくぐる少年たちは、非行を起こして、調査・審判を受けるためにやってきます。普通のカウンセリングのように、クライエントが何か困って治療機関や相談機関を自主的に訪れるのではありません。したがって、まず、最初に面接の動機付けを工夫する必要があります。

以前は、テレビで時代劇が多く放映されていたので、少年の中には『水戸黄門』を観ている少年がいました。その少年には、このように話しかけていました。

「水戸黄門のドラマは、良い役と悪い役がはっきりしているね。もし、テレビに出演するとしたら、どちらの役をしたいの?」。問われた少年たちのほとんどが「良い役をしたい」と答えます。そこで「そうだよね。誰でもそうだけどあなたも良い役をしたいよね。……あなたが今回起こしたのは、どっちの役なのかなあ?」。ほとんどの少年は、「悪い役」と言います。次に、「人って不思議だよね。自分では良い役をしたいのに、悪い役をしてしまう。どうしてそうなるのかなあ……、そのことを考えるために、ここに来てもらったんだよ」と話していました。

最近では、サッカー少年が多いので、ルールと法律、イエローカード、レッドカードをメタファーにして動機付けをしています。

自分のルーツを知り、この世の居場所を確認する

非行少年は、自分がこの世の中に生きている感覚や存在感が希薄です。父母が、自分たちの子ども時代について、どのように過ごし、どんなことを考えていたのかを少年に伝えていることはあまりありません。どのように知り合い、結婚したのか、少年を出産したときはどんな気持ちだったのか、どんな思

いで命名をしたのか。少年が待ち望まれて生まれて来たことを伝えていないのではないかと思います。

高校一年の幸子の非行は、友達と一緒にスーパーで菓子を窃盗（万引）することから始まりました。以後、金を支払うのが馬鹿らしくなり、一人で洋服、アクセサリー等を窃盗するようになっていったそうです。両親は幼いころ離婚しており、幸子は妹とともに親権者の母親に引き取られ養育されていました。生活するのに精いっぱいの母親は、幸子の寂しい心情を理解することが十分できなかったようです。病弱な母親が生計を維持するために、同棲、再婚、離婚を繰り返したことも、幸子にとっては母親への反発を助長する要因となりました。幸子が窃盗事件で家裁に来たのはそのころでした。

面接時に、私は「幸子という名前は好きですか」と訊きました。幸子は「普通」と答えて、どうしてこんなことを訊くのだろうという表情をしていました。少年たちからは、いろいろな答えが返って来ます。「別にどちらでもない」、「嫌い」、「少し好き」。

更に、スケーリングなどして聴かせてもらいます。「満点が一〇点だとすると、どのくらい好きなのか、どのくらい嫌いなのか」、「何があったら一点くらい好きになるのだろうか」。名前の好悪は、現在の自己評価につながっているように思えます。

次に、私は「どうしてあなたは幸子という名前なのか、命名の経緯《いきさつ》を知っている?」と訊きました。多くの子どもが「知らない」と答えますが、幸子も同じでした。母親に訊ねると、伝えていないということだったので、どのような経緯で父親を好きになって結婚したのか、妊娠、出産したときの両親の気持ちなどを訊いていくうちに、妊娠中に幸子という名前を考えたことや、両親は二人とも親とは早くに死別し苦労したので、生まれて来る子どもを「是非、幸せにしたいし、なってもらいたい」と願い、命名したことが初めて語られました。幸子は、少し涙ぐみながら黙ってその話を聴いていました。

自分の足下が不確かな少年は、この世の中に居ても居なくてもどちらでもいいと思うことが多いようです。自分の存在感が希薄であるとも言えます。そのため、思春期になっても自立できず、飛び立てないのではないでしょうか。

親子の絆の自覚——遺伝、例えば、しぐさ、手先の器用さ

幸子は手先が器用で、友達にビーズでアクセサリーを作ってあげたり、髪をカットしたりするのが好きでした。幼くして別れた父親に対するイメージは希薄で、どちらかと言うと、マイナスイメージがありました。幸子に、「手先の器用さは遺伝と言われているが、誰に似たのだろうか」と訊くと「わからない」と言います。母親によれば、父親は手先が器用で大工仕事や工作が好きだったということでした。幸子にとっては、別れた父親と「手先の器用さ」でつながっていたことが驚きだったようで、少し嬉しそうな表情を見せました。

ことばで表現することは少ないのですが、私は一、二回の調査面接時には、次のようなことが少年に雰囲気として伝わればよいと考えています。

自分のいのちは、先祖から連綿と伝えられ、誰か一人でも欠けていたら自分は誕生しなかったこと、そして自らもいのちのリレーの中に存在することに気づくこと。そこから自尊感情や、他者への思いや

りを育むことができればと願っています。

自分の「売り」は何だろうか

少年に限らず、人は誰でも自分の得意なこと、得意と言わないまでも好きなことを持っています。ある少年は自分ではわからないが、友達からは「おまえといると楽しい」と言われると言います。「そうなのかなあー」と言うので、具体的にどんな点なのかを訊いていきました。自分の「売り」を訊かれて不満を言う少年はほとんどいません。訊かれたことがないので、考えたことがないだけなのです。

非行を起こさない規範性の重要な要素として、自尊心が上げられます。自尊心を持つことは、自分を受け入れ、自分が好きなことを見つけることから始まります。

どんな大人に？―家族の役割像が崩れていく

次の段階として、どんな大人になりたいのか訊いてみます。これがなかなか難しい。児童精神科医の佐々木正美（一九九八）は、子どもの遊びである「ままごと遊び」から家庭の両親像を述べています。それによると、全国の保育園、幼稚園では、園児が「ままごと（家族）遊び」ができなくなっているそうです。お母さん役を誰もやりたがらない。母親役は、以前ではままごとの花形であり、誰もが憧れる役柄でした。

今、仮にお母さん役を引き受ける子がいたとしても、以前のお母さんとはずいぶん様子が違ってきました。昔なら「ごはんにしますか。お風呂にしますか」、「あらあら、赤ちゃんが泣いてるわね。お腹すいたのかしら、よしよし」などと保護する表現が多かったのが、今のお母さん役は「早く〇〇しなさい」と指示命令ばかりになっており、父親役にいたっては、仮に父親役を引き受ける子がいたとしても、「僕はゴルフに行ってきます」などと出かけて行き、そのまま帰って来なかったりと、父親をどう演じてよいのかわからないそうです。

では、「母親」の代わりに子どもたちがなりたがる役は何かと言えば、「ペット」なのだそうです。昔は犬や猫の役は屈辱的な役でしたが、現在では子どもの目から見ても、家族の中で一番愛され可愛いがられているのはペットであり、家族の中で誰よりも、一番幸せに見えているのではないだろうかと指摘しています。ペットに家族の理想像を投影しているとも言えます。

親が人生を豊かに生きることが、自然に大人への憧れを持ち、大人になることを望むことにつながるのではないでしょうか。

虐待のトラウマ　明男のケース

非行化の背景の一つに虐待などのトラウマがあることも多いので、非行の内容を確認した後に、人生最初の思い出を訊くことがあります。つらくて悲しい思い出を語る少年は、更生までに時間がかかると考えられます。課題の多い少年は、何も思い出はないと言いますが、どちらかと言えば、虐待などつらくて悲しい思い出が多いのではないかと思います。色で言えば、黒とか灰色なのかもしれません。つらい気持ちを十分に味わっていないので、何色かわからないことも多いようです。

継母から小学校時代に虐待を受けた明男のケースを紹介します。

明男は、高校三年生で十七歳だった。非行の概要は、高校二年の初め頃から、継母に対するイライラ感を解消するために、女の子のスカートをめくることから始まった。以後、事件が発覚するまで約九カ月くらいの間に約三十回、強制わいせつ等の問題行動を起こした。登下校の途中に、自宅近くで、一人で歩いている同年齢くらいの女性を見つけて自転車で近づき、後ろからスカートをめくっては逃走していた。次第に洋服の上から胸や尻、陰部を触るようになった。

家庭は、実父（四十三歳・会社員）、継母（三十五歳・パート従業員）、異母弟（十歳・小学五年）、異母妹（五歳・保育園児）との五人家族である。

四歳の時に両親は協議離婚し、親権者は父親に指定された。七歳の時に、父親は継母と再婚し、明男も同居をするようになる。まもなく異母弟が出生し、継母は病弱な異母弟の世話で疲れ果て、食が細く、好き嫌いが激しい明男に、小学三年から六年までの三年間、体罰などの虐待をするようになった。幼い明男は、何度か家出をした。中学二年生頃からは、継母に対して恐れはなくなったが、側にいるだけでイライラした気持ちになり始めた。

地域の進学高校に合格し一時的にイライラ感は治まっていたが、一年の夏頃から、継母とうまくやろうと思いながら、再び違和感が起きイライラし始めた。事件は、そのころ起きたものであった。

審判は、在宅の試験観察という中間決定になった。

試験観察では、学習面で支援をしてくれる学生ボランティアに明男の勉強を見てもらいながら、次のことをサブゴール（大目標の前の小目標）にして実施しました。

ア、継母からの虐待による被害感を整理すること。

イ、虐待などの体験から感情表現を回避する傾向が見られるので、自己の感情を表現する手段を身につけること。

ウ、継母が安堵感を持ち、罪悪感を減少すること。

エ、被害者の了承のもとに謝罪をすること。

試験観察は、約四カ月間、明男と両親とに合計八回の面接を行い、その間、学生ボランティア、「立ち直りノート（明男が命名）」、動的家族画（一二〇ページ）等の活用をしました。

事件について、明男は当初、継母の虐待のトラウマから、継母に対してイライラ感を募らせ、外で異性に対してわいせつ行為をすることでそれを解消していたとストーリーを述べていました。私は、中間段階で、明男の足下を固める意味で、「生んでくれたお母さん、育ててくれたお母さん」、「育ててくれたお母さんの歴史」、「お父さんの歴史」という課題の作文をノートに書いてもらいました。

明男は、自分が継母から虐待を受けた時期は、継母が異母弟を出産したころで、育児ノイローゼ気味になっていたことを知ることになり、試験観察の終了時には、「虐待を受けたことは消えないけれど、継母もその頃は大変だったということがわかった」と述べるまでになってきました。継母への違和感やイライラ感については途中から薄れたようで、自分の接し方が変われば、相手も変わるものだとわかったと言います。能力的には高いものを持った明男でした。試験観察の終わり頃の生活状況は、学業成績も上がり、志望大学の合格ラインまで行けそうな日々でした。

一方、継母も「試験観察を振り返って」という作文の中で、明男のＳＯＳに気づかなかったことを後悔しており、明男の言動にトゲがなくなり、以前は明男との間に無理に話題を見つけていたが、今は自然に話すことができていると記されていました。父親の作文には、最近、子ども達や継母の楽しそうな会話が聞けるようになり嬉しいと書いてありました。

私は、試験観察の終了時に、継母に、「当初、非行の全責任を背負わされて、悪者にされていたので大変でしたね」と言い、さらに、明男の家族画の変化と描画の中の「健康部分」を伝えると、少し涙ぐむ場面がありました。

〈まとめ〉

明男の能力の高さもあり、虐待というトラウマ（記憶）を呼び起こし、継母にもどうしようもなかった面があったと思い始め、思い出の彩りを変えていったように思います。このケースのポイントを握っていたのは、試験観察にいつも同席してくれた継母でした。

課題解決に向けた支援の工夫

小さな成功体験から自己評価を高める—don'tではなくdoに

明男には、裁判官から遵守事項として、再犯しないことが定められました。さらに、その遵守事項とは別に、家裁調査官である私との間では、明男はどのようなことが約束できるのかを一緒に考えることにしました。約束事項の作成に明男を参加させることにより、自分の人生に関与でき、小さな成功体験を持てるように配慮したものです。作成のポイントは、何か行動を禁止（don't）するのではなく、明男が日常生活の些細なことをする（do）ことにしました。

人は、行動を禁止されると不自由で窮屈です。何か小さなことを行動するようにしたほうが、前向きで自由さがあるように思います。

例えば、アルバイトをしたお金で両親を食事に連れて行くこと、料理が好きな少年には、夕食を作ること、大工見習いの仕事を始めた少年には、ボード張りが得意だというので、うまく張れたボードを写真に撮って持ってくること、ペットを可愛がっている少年には、ペットの餌やりや、散歩を毎日することなどを約束事にします。

例外を見つける　静男のケース

非行少年は、いつも非行をしているわけではありません。友達と談笑したり、映画を観たり、スポーツを楽しんでいる時間を持っているかもしれません。例えば、不遇な家庭環境に育ち、人間関係を持つのが苦手で、学校ではいじめの対象になっている静男の場合を考えてみます。

静男は、家庭や中学校で嫌なことがあったり面白くないことがあるとシンナーを手に入れ、夜間に一人で公園で吸引していました。シンナー吸引をすると、嫌なことが解決できるわけではないが、「ボアーとして一時的に忘れることができる」ということでした。静男に、「嫌なことや面白くないことがあると、いつもシンナーを吸引しているの?」と訊きました。例外を見つける問いです。

最初はいつも「そうだ」と答えていましたが、時にはテレビゲームをしたり、好きな音楽を聴いている時間もあると言います。静男に、シンナー吸引をしなくてもよい能力があることをまず確認しました。

次に、シンナー吸引をしている静男と、テレビゲームをしている静男の違いは何だろうか。面接の中で、いろいろな静男がいることを発見し、いろいろな静男がいてもよいこと、いろいろな静男はどのような点が違うのだろうか、どんな静男が自分には「ピタッとくるのか」を二人で話題にしていきます。

コーピング(対処法)の発見と多様化

明男や静男も、自分の心身になんらかのSOSがあるので、自分をなんとか維持するために強制わいせつやシンナー吸引をしていました。そうした非行行動を対処法の一つと考えたほうが、非行からの回復には役立つと考えます。

非行の回復には、犯罪被害者への視点が必要になります。多くの犯罪には被害者がいます。被害者からすれば、なんの落ち度もないのに、突然、犯罪に巻き込まれる事態は理不尽で不条理です。

少年の場合には、非行が危機状況の対処行動の一つであることについて、家裁調査官が、まずコンセンサスを持つことが大事と考えます。

人は誰しも、他人やモノに対して、認知や行動のクセがあります。例えば、「自分は駄目な人間で、何をしてもうまくいかない」とか「今まで他人を信用して騙されたので、他人には騙されないように、付かず離れずの関係を保つことを心がけている」などです。行動のクセには、「他人から嫌なことを言われると、その人の顔を見たくないので転職をすることが多い」などがあります。

コーピングをまず発見することです。コーピングがあったからこそ、今まで生きてこられたのです。このコーピングを全面的に変えることは、その少年を足下から変えることになり、その少年の過去の人生を否定することになってしまいます。

そのコーピングをテレビ番組の「ビフォーアフター」のように、リノベーションする。リノベーションとは、建物の経年にともない時代に合わなくなった機能や性能を、建て替えずに、時代の変化にあわせて新築時以上に機能・性能を向上させることと言われています。

「他人から嫌なことを言われたら、転職をする」というコーピングの他に、違うコーピングがないか工夫して探してみる。探し方は、本人の生育歴の中や友人のコーピングの中に、その少年に合いそうなものを探してみることです。

過去の彩りを少し変える――物語を少し作り直すきっかけを提供する

明男が継母から虐待された事実は消えることはありません。しかし、虐待というトラウマは消えなくても、その彩りが黒から明るいグレーになることはあります。

心身に安心感が出てくると、過去の出来事の彩りが少し変わってきます。過去のトラウマを想起するのは、現在の自分だからです。この彩りが変化すると、継母は異母弟を出産したばかりで、育児ノイローゼ気味でどうしようもなかった面があったと思い始め、少し違った物語が出てきます。強制わいせつ事件に対しても、明男自身の衝動のコントロール力にも焦点が当たり始めるようになりました。

スケーリング・クェスチョン――人生すごろく表

表現能力が乏しくてコミュニケーションが苦手な人や一時的に混乱している人の場合、自分の全体像を客観的に対象化して人に伝えることは困難です。そのような時、自分の今の状態、気分を点数化してもらいます。次の面接までの宿題として一日の活動記録票に、これまで経験した一番楽しくて快適な状態を一〇点、そうしたことをほとんど感じられなかった場合を一点として点数を付けてもらいます（自己の点数化として零点やマイナス点とするのは、自己評価をゼロ評価とすることになり、自己の存在を否定するようなので一点にしている。生きていることだけでも一点。少年によっては、〇・二と表現することもあって面白い）。

点数					
10					
9					
8					
7					
6					
5					
4					
3					
2					
1					
	幼稚園 保育園	小学校	中学校	卒業 中学校	15歳 16歳 17歳 18歳 19歳 20歳

図４　人生すごろく表

面接時にも、「人生すごろく表」（図４）と称し、Ａ４用紙に、横軸に一歳から現在の年齢まで、縦軸に一点から一〇点まで目盛りを入れたものを用意して、今まで生きてきたそれぞれの時期を点数にして線を引くことで折れ線グラフができます。少年の気分（自己評価）のすごろく線が出来上がりです。

大きな変化や微妙な変化もあります。すごろく線を見ていくと、自分が輝いていた時や落ち込んでいた時のことがわかるし、いろいろな自己があったこともわかります。輝いていた時にはどんな出来事があり、どんなふうに認知したから点数が高いのか。逆に、点数が低い場合は、どんな出来事があったのか、どのように認知したのかが見えてきます。

家庭的に不遇な少年が多いので、低く評価しながらも、現在までなんとか生き延びていることにも焦点を当てていきます。

一、二年後の自分を想像して話す――未来の時間軸を入れる

私は、どんな男の人に、女の人になりたいのかを、面接の後半によく訊きます。また、「二年後の自分を想像して話してよ。いつ、何処でどんなことをしているの？　仕事は？」と訊くこともよくあります。人は、近い将来のことを想像して話すときに、多くの場合は、現状よりは一、二センチくらい、あるいはそれ以上に良いと思う自分を話すことが多いようです（人によりますが、家裁に来る少年たちはほとんどそうです）。

将来の自分を口に出すことは、未来の時間軸を想像することであり、言語表現することで自己を対象化し、現在の自己に影響するように思います。

黒字ノートを作る

試験観察決定を経て、少年と継続的（五、六カ月間）に面接することがあります。その方法の一つとしてノートを活用することがあります。ノートの表紙には、少年が命名した題が書かれています。例えば、「ホップ、ステップ、ジャンプ」、「オレ」、明男の「立ち直りノート」など。少年の抱えている課題によって、ノートに書いてきてもらう作文の題が違ってきます。

その中のテーマとして、私が「黒字ノート」と呼んでいるものがあります。出納簿の赤字、黒字の意味です。一日最低一つ、「楽しかったこと、うれしかったこと、気持ちよかったことなど」を必ず見つ

けて書いてくることを私との約束にします。バス停で待っている時に、すぐバスがやって来て、「今日はついている」と思ったことなど、なんでもよいと説明すると、たいてい納得します。
平凡な日常生活の中に、自己の黒字部分をノートに書いておき、面接の中で再度話題にして、少年の身に染み込ませていくことが大事なのです。

少年の耳に通しておくことの意味

限られた時間と回数の中で、少年のこころに何かを残すのは難しいことです。古い釘穴に釘を打ってもなかなか効かないので新しい箇所に釘を打つ、身体に染み込んでいくような言動をと心がけていますが、これがなかなか難しいのです。
私が折に触れ読む本に、島秋人著『遺愛集』（東京美術、一九七四年）という歌集があります。島は、新潟県で強盗殺人事件を引き起こした元死刑囚であり、一九六〇（昭和三十五）年、新潟地方裁判所で一審の死刑判決後、一九六七年の死刑執行までの七年間、獄中で短歌を詠みつづけた歌人です。一九六三年に毎日歌壇賞を受賞しています。

温《ぬく》もりの残れるセーターたたむ夜ひと日のいのち双掌《もろて》に愛《いと》しむ

島は、死刑判決を受けた年の秋に拘置所で開高健の『裸の王様』（文藝春秋新社、一九五八年）を読みました。この短編小説は、満たされない家庭生活と学校生活で、孤独感を強め萎縮してしまった少年の気持ちが、図画を通して少しずつ開かれていくという内容です。

島は死刑判決を受け、来し方を振り返る中で、自分も絵を描いて童心を覚ましたい、昔に帰りたいという思いを強く持つようになります。拘置所では絵を描くことができなかったので、せめて児童の図画を見ることができればと思い、中学一年の時の担任だった図画の吉田先生を思い出します。他者から褒められたりすることがほとんどなかった島を、「絵はへたくそだけど構図がよい」と褒めてくれたのが吉田先生でした。島は獄中から現在の境遇と事情を書いた手紙を吉田先生に送り、児童が描いた図画が欲しいと頼みました。

しばらくして、吉田先生とその奥さんから親身な返事と児童の図画が届き、奥さんの手紙には、故郷の寺を詠んだ短歌が三首添えてありました。それがきっかけとなり、島は短歌を詠み始め、「毎日新聞」に投稿するようになりました。短歌を詠み始めるとともに、事件への真摯な悔悛の情を見せ始めます。死刑執行後に歌集『遺愛集』が出版されましたが、その中で、「たった一言のほめことばが私の心を救い、私の人生をかえた。私のようなおろか者でも、七年間という長い月日に少しは人がみとめてくれる〝うた〟を詠むことができた。ありがたいことです」と褒められたことの嬉しさを述懐しています。

面接時には聞き流されることもありますが、島のように、自分を受け入れてくれた言動を数十年経って思い出すことがあります。家裁調査官の仕事は、そのことを信じられるかどうかではないでしょうか。

罪をつぐなうということ

犯罪被害者へのつぐない

犯罪を起こした人は裁判所で刑事責任を問われ、裁判（少年の場合は、原則的に審判）を受けます。最近は、残酷な事件が起こると、犯人への糾弾の声が高まり、厳罰の主張が拡がっているように思います。被害者の遺族からすれば当然の流れでしょう。しかし、犯人が極刑になれば遺族の気持ちが治まるとも限らないのではないでしょうか。

大阪教育大学附属池田小学校の児童殺傷事件を覚えている方も多いでしょう。二〇〇一（平成十三）年六月八日、出刃包丁を持った犯人（宅間守）が、校内に侵入し児童や教員二十三名を殺傷しました。犯人は、「死にたい、死刑にしてもらいたい、そのためにエリート小学校を狙った」と供述しています。裁判中も反省や謝罪の言葉はほとんどなく、死刑の判決後も、死刑囚としての処遇から抜け出すために早期の死刑を望み、死刑確定から約一年後に異例の早さで死刑が執行されました。このことから罪を償うとはどういうことなのか少し考えてみたいと思います。

宗教学者の山折哲雄が二〇一〇年四月二十五日の「読売新聞」に罪と罰をテーマにエッセイを書いています。山折はその中で、菊池寛の小説『ある抗議書』と『恩讐の彼方に』を取り上げています。

『ある抗議書』は、一九一四（大正三）年に発生した実際の殺人事件を題材にしたものです。老夫婦を殺した犯人に死刑の判決が下る。判決後、犯人は教誨師の教えで改心し、キリスト教に入信して、感謝のうちに処刑された。その犯人の最後の様子を伝え聞いた遺族は、悲痛な抗議の声をあげる。殺された人間は、恐怖のどん底で苦しみの中で死んでいったのに、犯人はなぜ天国に召されるような心境で死んでいったのか。遺族の心境からすれば、あまりにも理不尽で不公平と思わざるを得ません。池田小学校児童殺傷事件の遺族も、贖罪《しょくざい》もないままあの世にいった犯人に言い表せない無念の気持ちを抱いたのではないでしょうか。

『恩讐の彼方に』は、江戸時代のころの話です。

主人を殺した市九郎は逃亡し、逃亡中に仏門に帰依して諸国を流浪する。やがて市九郎は、山国谿（現在の大分県の耶馬溪《やばけい》）で何人も命を落としている断崖に行き当たる。そこで、贖罪の気持ちから、槌と鑿《のみ》でトンネルを掘り始める。それから約二十年の歳月が経ち、そこに父親を殺された青年が仇討ちにやって来る。老人になった市九郎は、このトンネルが出来るまで待ってくれるように乞い、青年も早く仇討ちを成し遂げるために反対側から掘り始める。ある日やっと最後の岩盤に穴が開いて、市九郎は仇を討ってもらおうとするが、青年の心からは一切の恨みが解き放されていた、という物語です。

このことから現実的には難しいかもしれませんが、加害者のこころからの謝罪が被害者に受け入れられることが大事なのだと思います。刑罰が終了すれば、贖罪は終わったということではないように思います。被害者や遺族の赦しがなくても、罪を抱えて被害者らの無念さに思いを馳せながら更生していくのが、贖罪ではないでしょうか。

同じような趣旨を神戸児童殺傷事件（一九九七年）で娘を殺された母親・山下京子さんは、著書『彩花へ――『生きる力』をありがとう』（河出書房新社、一九九八年）の中の「最後にA君（加害者十四歳）へ」の箇所でこう書いています。

「たった一人の愛娘をあんなかたちで奪い取ったあなたの行為を、決して許すことはできません。（中略）どうしようもない怒りと悔しさと憎しみがあります」、「その一方で、どんなに時間がかかってもあなたを更生させてやりたいと願う気持ちがあることも嘘ではありません」。

犯罪被害者の加害者に対する気持ちや考え方は多様だと思います。だからこそ、加害者が罪を抱えて生きていくために、被害者の無念さに思いを馳せることから始めることが大事なのではないでしょうか。

世の中の力を借りる

非行少年への援助は、家庭裁判所の家裁調査官の面接や審判手続きだけで行っていますが、現状は、回数や時間が少なく、十分な援助ができていません。非行は「社会を映す鏡」と言われていますが、非行を乗り越えて行くには、その社会の力を借りるという考え方があります。

家庭裁判所では、以前に犯した事件の内容が比較的軽微であり、人格や家庭の問題もそれほど深刻でない少年に対して、再非行防止のために各種の保護的措置を行ってきました。最近では、少年自身の変化や社会情勢の変化を踏まえ、家裁調査官の個別面接中心の考え方から、参加型の保護的措置や、被害者の視点を取り入れた保護的措置が導入されるようになり、社会の力を活用して社会とのつながりを意識させることで、公共心や自律心を育み、規範意識を高めることで再非行を防止しようとする考え方に変化してきています。これは日本の各地域にあった「結《ゆ》い」に似ています。「結い」は、労働力を対等に交換しあって、田植え、稲刈りなど農の営みや住居など生活の営みを維持していくための共同作業を行うことから始まったと言われています。

具体的な保護的措置としては、①簡易ボランティア活動、②万引き被害を考える講習、③清掃奉仕活動などをしています。

①簡易ボランティア活動は、保育所や老人施設等で二、三日間のボランティア活動を体験させることにより、社会の一員であることを実感させ、社会性を育み、贖罪意識を高めることを目的としている。

②万引き被害を考える講習は、コンビニエンスストアや書店の店長を講師に迎え、万引きを犯した少年に対して、被害者の立場からの講話をしてもらっている。

③清掃奉仕活動は、裁判所近くの公園などで実施している。

ほとんどの少年が、人のやさしさに触れたり、感謝されたり、達成感を感じたり、自分のしたことの重大さに気づいたり、被害者に申し訳ない気持ちを改めて抱いたりしており、効果が上がっていると言えます。

明男も、老人施設でのボランティア活動で、入所している老人から感謝されたことで、家庭だけではなく、社会での居場所が持てる手がかりができたのではないかと考えます。

境界線 ―― 秋葉原無差別殺傷事件から考える

過酷な生育歴などを持ちながら社会的に成功している人、反対に非行・犯罪などで反社会的な生活を送っている人がいます。この違いは何でしょうか。人は誰しも「名もなき毒と玉」を胸に秘めていますが、その境界線は何でしょうか。このことを現代の社会を反映していると思われる秋葉原無差別殺傷事件から考えてみたいと思います。

秋葉原事件とは、二〇〇八（平成二十）年六月八日に東京・秋葉原で発生した通り魔事件のことです。この事件で七人が死亡、十人が負傷しました。犯人（加藤智大）は歩行者天国にトラックで突っ込み、三人を殺害、二人に怪我をさせた後、トラックから降りてダガーナイフで通行人を次々に刺し、さらに四人を殺害、八人に重軽傷を負わせました。

犯人の心性を理解する手がかりとして、次のキーワードを上げたいと思います。

「殺すのは誰でもよかった」

社会の耳目を集める無差別殺傷事件の犯人は、しばしば「誰でもいいから殺したかった。複数殺せば死刑になれる」と逮捕後に述べています。秋葉原事件の犯人もそうです。「殺すために秋葉原に来た。誰でもよかった」と言っています。

凶悪な犯罪を犯すのに、直接、怒りの対象に攻撃が向かず、見ず知らずの他人を無差別に攻撃しています。事件二カ月後に犯人は、「誰でもいいからかまってほしかった。ネットの世界の人間に向かっていろいろ書き込んだが、ネットでも無視され、自分の存在を気づかせるため、どうせなら大きな事件にしようと思った」と述べています。社会の中で絶望感を持ち、「透明な存在」である自分をかまって欲しい、振り向いて欲しい。それが出来なかったので事件を起こして気づかせたというのです。

この心性には、「死にたいが一人では死ねないので、殺人をして死刑になりたい」という池田小学校児童殺傷事件の犯人と同じものがあります。自分だけ不幸なのは嫌だ、社会の人も不幸になって欲しいという気持ちもみられます。「社会的無理心中」や「不幸の平等化」とも言えるのではないでしょうか。

教育？　虐待？

非行や成人の犯罪には、しばしば家庭の問題が根っこにあります。秋葉原事件の犯人の家庭もそうでした。犯人の発言と三歳年下の弟の手記にあります。

犯人の携帯サイトでは、「小学校低学年から母親に『北海道大学工学部に行くように』と言われ、無理やり勉強させられていた。親が書いた作文で賞を取り、親が描いた絵で賞を取り、親に無理やり勉強させられたから勉強は完璧だった」と書かれていました。

「週刊現代」が報じた犯人の弟の告白には、「家族四人で食事をとっていたら途中で母親が突然、兄に激昂し、廊下に新聞紙を敷き始め、その上にご飯や味噌汁などを全部ばらまいて、『そこで食べなさい』と言い放ったんです。兄は泣きながら食べていました」とあります。ここまでくると「教育」と言うより「虐待」であり、子どもの主体性はほとんどなかったのではないでしょうか。

その後、犯人は母親の望む通り青森県立青森高校に進学しましたが、成績は振るわず高校卒業後は短大に進学しています。母親の関心は、やがて弟に向き、母子の交流は少なくなっていきました。

子どもにとって大事なのは、母親に自分の存在を全面的に受け入れてもらい、母親との間に基本的な信頼関係を築くことです。母親から愛情を受けて育つからこそ自尊心が育まれ、他人と良好な人間関係を築いていけるのだと思います。犯人の家庭にはそれが欠けており、それを補償する他の家族員もいなかったようです。

バーチャルな世界・ネット社会

犯人は裁判では、「現実はタテマエ社会だが、ネットはホンネ社会。『これを言ったら嫌われるかも』と気にせずに発言できた。掲示板の人間関係は家族同然だった」。更に、「ネットの掲示板で自分に成りすます偽物や荒らし行為があった。人間関係が奪われたように感じ、事件を起こすことで嫌がらせをやめてほしいと伝えたかった」と発言しています。

現実生活に居場所がない人は、ネット社会の中に居場所を求めようとします。そして、現実生活がバーチャルで、ネット社会が現実生活という逆転現象が生じる場合があり、秋葉原事件もそうであったと思われます。ホンネであるはずのネット社会に裏切られたように感じ、現実でもネットでも孤立感を募らせていったのは容易に想像できます。現実生活を充実させるためにネットを有効利用するには、ネット社会と現実社会を十分に往来でき、現実生活に居場所を持っていることが条件だと思います。

最近では、殺人容疑で逮捕された名古屋市の女子大学生とみられるツイッターに記載があったように、秋葉原事件の犯人に憧れを抱く若者がいるようです。これは現実生活の中に居場所がない若者が増えてきているからではないでしょうか。

踏みとどまらせるもの

誰かから自分が必要とされていると感じられるかどうか

人間という字は、「人のあいだ」と書き、人の本質を個人の内部ではなく、他者との関係の中にみているという考えがあります。人間は、人と人との間に生きる動物なので、誰かから必要とされていると感じられなければ、孤独感や絶望感を持ちます。そのような人の中には、他人から認められ必要な存在であろうとするのではなく、秋葉原事件の犯人のように親や社会への不満を抱き、大きな事件を起こすことで存在感を示すことがあります。

秋葉原事件の犯人は、中学生のころに母親の期待が自分から優秀な弟に移り、自分は必要のない人間だと思い込んだようです。また、犯行前には「彼女さえいれば、こんな惨めに生きなくていいのに」と語っています。別に彼女でなくてもいいんだと思います。この世の中に生きていていいという手触りが欲しかったのだと思います。

大事にしたいと思う人がいるかどうか

不良仲間から犯罪の誘いを受けたときに、悩みながらも断る少年が時々います。その少年に断ることができた理由を訊くと、母親の悲しむ顔が浮かんだと言います。

二〇一〇（平成二十二）年に公開された『悪人』（李相日監督。原作は吉田修一著の同名小説）という映画があります。映画の中では、殺人者や事件にはならない様々な悪人が登場します。殺された娘の父親が、娘を夜の峠に置き去りにし、いま目の前であざ笑っている大学生にスパナを振り上げますが、最後にはそのスパナを捨てます。そして、大学生に「大切な人はいるか」と厳しく問いかけて去って行きます。その父親にとって大事にしたい人は妻であり、今まで培ってきた友人、親族、人との関係だけでなく、自分のプライドや営業する理髪店も含まれると思います。失うと困るものがあるということだと思います。映画の殺人犯には母親同然に育ててくれた祖母の存在がありましたが、特に意識することなく殺人を犯してしまいます。

秋葉原事件の犯人も、一緒に遊びに行く同僚やネット上で知り合って何度か会っている女性もいたようです。しかし、犯人は「周囲の人間は敵であり、上辺だけの友達」と極端に考え、孤立感を深めていっています。

アメリカの犯罪学者のトラビス・ハーシーは、人は皆利己的で犯罪を犯す可能性があるのに多くの人が犯罪を犯さないのは、家族、学校、職場など社会とのつながりがあるからだと考え、「社会的絆理論」

を提唱しました。社会的絆には、「愛着」、「コミットメント」などを挙げています。「愛着」は、大事にしたいと思う人、家族や友人、学校という集団への情緒的なつながり（絆）です。「コミットメント」は、今まで一所懸命に取り組んで獲得した居場所や地位、信頼などで、それを犯罪などで失いたくないのです。

母親との間に基本的信頼関係が持てたかどうか

人間関係の形成の基礎は、やはり乳幼児期の母子関係でしょう。人間は、自分の力だけでは生存できない未熟な状態で生まれてきます。乳児は、母親や母親代わりの人に養育される中で、生存に必要な栄養をあたえられ、安心感を持ちます。この体験が、自分を全面的に受け入れてくれた感覚（自尊感情）を持って、外の世界に対する信頼感を作り上げていきます。

しかし、たとえ乳児期に基本的信頼関係が十分形成できなくても、その後の人間関係の中で形成することは十分可能だと思います。

小さな成功体験と居場所

私は現在、自立更生促進センターで保護観察中の成人とのカウンセリングの仕事に携わっています。このことから、再犯防止の視点から踏みとどまるものを考えてみたいと思います。

面接中に、クライエントの生育史を一緒に図示しながら、クライエントが「輝いていたころ」の話を訊いています。何度も刑務所に入ったクライエントでも、中学校時代に人助けをして新聞に掲載されたとか、結婚していた五年間は仕事の評価もよく、子どもが生まれ、家庭を守っている意識があったという発言をする人もいます。輝いていたころは、何が揃っていたからそうなったのかを一緒に考えるようにします。

また、クライエントに自分の「売り」を訊くことがあります。手先が器用だとか、パソコンの操作に長けているとか、建設機械の運転資格を取得しているなど、訊いていくといろいろ小さなプライドを持っていることがわかります。

次に居場所の点です。多くのクライエントは何度も事件を起こすので、両親や親族から見放されています。故郷に帰りたくても帰れないのです。クライエントはセンターを三カ月後に退所しますが、物理的な居場所はもちろんですが、クライエントを受け入れてくれて安心できる心理的な居場所が特に必要なように思います。

離婚と子ども

家族の変貌

共に作り上げていくもの

二〇一三（平成二十五）年十二月に、最高裁が性同一性障害のため男性に性別変更した夫（三十一歳）と、妻（三十一歳）が人工授精で出産した子どもについて、法律上の父子関係を初めて認めました。この決定は、血縁を前提に親子関係を規定した民法の解釈を大きく広げたものになりました。法律上の親子関係は、血縁関係だけで決まるわけではなく、親子の愛情や信頼など家族の実態を重視していると言えます。

同年、第六十六回カンヌ国際映画祭で審査員賞を受賞した映画『そして父になる』（是枝裕和監督）が話題になりました。六年間育てた息子が病院で取り違えられた他人の子どもということがわかり、二つの家族は、血縁か、親子がともに過ごした時間なのか選択を迫られることになる、というストーリーです。

昨今、新聞、テレビなどのマスコミでは、連日のように子ども虐待の報道がされています。二〇一〇年七月には、母親が五歳の長女の両手・両足をテープで縛り、洗濯機の中に入れ、蓋を閉めテープで開かないようにして回転させるという虐待が報道されていました。虐待された子ども達の中には、隣家に行って「この家の子にしてください」と訴えた子もいます。反対に、子どもが親殺しをする事件も後を絶ちません。

従来の血縁信仰、親子の愛情信仰を考え直さないといけない時代に来ているのではないでしょうか。家族、親子の関係は、「ある」ものではなく、「する」、「共に作り上げていく」ものに変わってきているのではないでしょうか。

子どものモノ化

現代の家族を表しているキーワードとして、次のようなものが挙げられます。

①少子・高齢化、②家族の個人化、疑似家族などの多様化、③人工授精・代理母、④子どものモノ化、⑤子どもへの虐待、⑥非婚、離婚の増加、です。

私が特にここで取り上げたいのは、③人工授精・代理母と④子どものモノ化の問題です。

イギリスで体外受精により初めて赤ちゃんが生まれたのが一九七八年でした。それから五年後の一九八三年に国内第一号の試験管ベビーが誕生しています。人工生殖医療の進展は、私たちの予想をはるかに超え、八〇年代にはアメリカで代理契約による代理出産ビジネスが展開して問題になりました。代理出産では、従来のように出産という事実だけでは、生物学上の親子関係を特定できなくなっています。二〇一一年十二月の新聞報道によれば、日本国内の体外受精で生まれる赤ちゃんは二万人以上だといいます。

生まれた子どもからすれば、出自を知る権利がおざなりにされており、「自分の半分はどこから来たのか」という不安を抱きます。その子どもへの配慮なく非配偶者間人工授精（ＡＩＤ＝artificial insemination with doner's semen）だけが増えていることに危機感を覚えます。

精子銀行や卵子の売買など、出産が親の意思で自由にコントロールされるようになった結果、子どもに対する親の私物化と支配が強まったように思えます。かつて、子どもはコウノトリが運んでくる授かりものでした。一人の子どもには生みの親の他に、名付け親、乳《ち》付《つ》け親など、地域には多くの仮親がいて、子どもは地域や社会の宝物でした。

現在は、人工授精や代理母の登場で「子どもは作る」ものになりました。「神の意思」が人間の手に移りつつあると言えます。出産が親の意思で自由にコントロールされるようになった結果、子どもを「モノ」として見てしまう傾向が見られるようになりました。「地域の子ども」という意識も薄れてきています。

このような子ども観も一因になって、児童虐待や離婚時の子どもの奪い合いが起きているように思えます。

変わらざるもの ―― 子どもの視点からみた家族

前項「家族の変貌」で述べたのは、どちらかというと大人の視点からでした。子どもの視点から見ると、家族や両親に対するイメージはどのようなものでしょうか。

三重県立津東高校の吉村英夫教諭が、国語の授業の中で生徒が作った一行詩をまとめた『父よ母よ』(学陽書房、一九九四年)という詩集があります。その中からの抜粋。

父よ! 言いたいことがあったらはっきり言え。母よ! 言いたいことをそのまま言うなよ。

父よ、威厳を取り戻せ。母よ、威厳を分けてやれ。

母よ! つべこべ言うけど、あんたの息子はええほうやで。

高校生は、驚くほど生き生きと両親や家族を表現しています。愛情を込めたユーモアいっぱいあふれる本音で、父母への気持ちをぶつけています。愛情渇望の一行詩もあり、両親に保守的な役割期待も持っていることが見えます。

両親が別居や離婚する際に、子どもを巡って争うことが増えています。紛争解決のために、家裁調査官が子ども達の代弁者として、家族や両親に対するイメージを聴かせてもらうことがあります。

小学生に「ドラえもんに三つのお願いができるとすると、どんなことをお願いするの?」と訊くと、多くの子ども達は、「もう一度、家族全員で一緒に暮らしたい」と答えます。子ども達は、両親や家族に対して、なんとかやり直して欲しいと思っているようです。

村瀬嘉代子が一九八七、一九九九年の二回、子ども達がどのような父母像、家族像を抱いているか、投影的手法（心理テスト）を加味した個別面接をした調査研究「子どもから見た両親像、家庭像についての発達および臨床心理学的研究」があります。対象者は、三歳から大学生まで。家族と生活している者、施設や病院に入院している者など二五六人です。

全体を通しての考察としては、子ども達が、「大人になって大切にしたいこと」として挙げている中で大きな割合を占めているのは、「家族、家庭」でした。二〇〇〇年になって上昇しています。子ども達は、父親には良き権威と保護のモデル、責任を担う存在としてのイメージを、母親については、さりげなく安らぎをもたらし、家族をまとめていく存在のイメージをもっていることが見られたと述べています。

ファミリー・アイデンティティ

家族に期待されるイメージや役割は時代とともに変化していますが、それでも、人々にとって大切な存在であることには変わりありません。

「あなたにとって一番大切と思うものはなんですか。一つだけ挙げてください」という問いに対し、自由に記入してもらったアンケート結果があります。

「家族」を挙げる人の割合は、一九五八年には約一割に過ぎませんでしたが、七〇年代以降は一貫して高まり続け、二〇〇三年には約五割になっています。人は家族にさまざまな役割を求めていますが、その中でも、「やすらぎを得る」、「愛情を感じる」など、家族から精神的なやすらぎや充足感を得ようとしています。しかし現実は、家族がそれぞれ個別（孤食、一人鍋、一人キャンプなど）に行動する時間が多くなったり、家族が離れて暮らすことが多くなるなど、家族のつながりの弱まりを示す動きが見られ、離婚率の増加も見られます。その一因として、家族の役割機能の多くが外注化され、残されたものが「精神的なやすらぎ」だけになり、それが得られなくなると、別居や離婚などの選択になるのかもしれません。

現在では、家族をどのように仮定義すればよいのでしょうか。家族はかつて、「夫婦を中核として、その近親の血縁者が住居をともにしている小集団（血縁的集団）」でしたが、家族社会学者の牧野カツコは、現在、あえて家族と言えば、「それぞれの個人が家族と考える人々」と言います。同じ家族社会学者の上野千鶴子は、ファミリー・アイデンティティという概念を提起しました。この概念を用いると、家族を相対化することができます。

①家族の範囲は変化する。②家族と考える範囲は人によってそれぞれ異なる。固定観念を崩し、今後、相対化することが必要である、と述べています。ここでは、「ファミリー・アイデンティティ」という概念を念頭に置きながら、家族について考えてみます。

離婚家庭における子どものケア ―― 面会交流をめぐる家事紛争

現在、夫婦の三組に一組が離婚しています。離婚率の増加に伴い、親権者を決めなければならない子どもを持つ夫婦が、二〇〇八（平成二十）年の厚生労働省の統計では約五七％になり、最近では、家庭裁判所に子どもを巡る紛争の調停申立て（子どもの監護者[*4]の指定、その他の処分）が増加し、その内約三〇％（司法統計・二〇一一年）が面会交流事案です。一九八八年と比べ、約五倍になっています。

〈ケース〉

不貞があった母親から、離婚十日後に、現在親権者で養育している父親に対して、長男（四歳）の親権者変更の申立てがされた。調停途中に、親権者変更から面会交流に主張が変更され、調停期間中に、両親は、絵本や離婚した親を持つ子どもの心情が記載された本を読み、子どもの視点に立った面会交流を考えるようになった。調停は合計四回開催され、最終的には取下げで終わった。

第一回期日

母親の申立ての理由は二つあった。一つは、離婚当時不貞を責められ、親権者になりたかったが

＊4　監護者＝親権のうち、身上監護権を分けて持つ人をいう。具体的には、子どもとともに住み、世話をし、教育する権利、義務をもつ。

希望が叶えられなかったこと。二つ目は、長男も母親との同居を希望しているように思われることであった。

一方、父親は、離婚の協議のときに、不倫相手を選ぶのか、親子三人でやり直すか選択を求め、不倫相手を選んだにもかかわらず、離婚間もない母親の身勝手な申立てに怒りでいっぱいだった。

第二回期日

母親は、弁護士に相談した結果、親権者変更は取り下げて、長男との宿泊付きの面会交流をしたいと変更した。父親は、現段階での面会交流は三つの理由から反対した。一つは、長男と父方祖父母との四人暮らしがやっと軌道に乗り始めたばかりであること。二つ目は、長男には、母親は仕事で遠くに行っていると説明していること。三つ目は、同居している父方祖父母の協力が得られないこと、であった。

家裁調査官（私）は、父親には、嘘をつかずに離婚のことを話すように工夫する必要があることを伝え、母親には、「母親だから親権者になれる、面会交流ができて当然だ」という安易な考え方に疑問を呈した。

面会交流は、母親の会いたいという意向より、長男の心身の成長にとって、ビタミン剤のようなものなので是非必要であるが、まず、長男の心情に思いを馳せることが大事である旨を説明した。

そして、母親には、四歳の長男が現在どのような心理状態に置かれているのかを理解してもらうため、絵本『あしたてんきになあれ』（薩摩菜々／作、永松美穂子／絵、未知谷）を次回期日まで貸し出し、読んでくるように頼んだ。一方、父親には次の二点を依頼した。一つは、離婚した親を持つ子どもは、親の離婚についていろいろな受け止め方をするので、両親が離婚した子どもの声を集めた本『バツイチの子供たち――娘から親へ』（飛鳥新社、一九九四年）を読むことを助言し、二つ目は、長男に対して、離婚をしたことと母親が会いたがっていることを伝えて欲しいと頼んだ。

第三～四回期日

父親は、『バツイチの子供たち』を何回か読み、長男に何度も離婚のことなどを話そうとしたが、長男が傷つくのを恐れ話せなかったということだった。今後半年間くらい時間をかけて離婚と面会交流について話すので、面会交流はしばらく待って欲しいと苦しい表情で言い出した。母親は、それを聞き、「子どもにとって、しばらく待つほうがよいのであれば我慢する」と意外な返事であった。なお、絵本は何回か読み、子どもの心情が少し理解できたということであった。双方とも、今後の面会交流を具体的にどのように実施するのか、長男に離婚等をどのように伝えるのかを考えることになり、現時点では調停の取り下げで終了し、半年後くらいに協議するということになった。

〈まとめ〉

母親は当初、実の母親だから子どもの親権者になって当然であり、面会交流も親権者にならないのだから当たり前、という考え方でした。この考え方には、性役割の固定観念にとらわれており、子どもの心情などへの配慮が見られませんでした。

面会交流の問題は、親権者指定や養育費支払いの取り引き材料にされたり、夫婦の紛争（例えば、このケースのように、一方の不貞行為による離婚等）が絡んできます。子どもにとって、離婚しても常に両親に見守られているという実感を持てるように配慮することや、面会交流が子どもの成長にとっては役割を果たすという認識が重要と考えます。

両親の問題で離婚して子どもに負担をかけるのですから、両親はきちんと子どもに謝罪し、離婚後も同居時とできるだけ同じような養育環境に配慮する必要があります。

この考え方が浸透しない原因の一つは、日本がアメリカのように共同監護（養育）ではなく、離婚時に一方の親を親権者と定める単独親権制度をとっていることにあります。別居親への面会交流権の明文規定もありませんでしたが、二〇一一年四月に民法が改正（翌年四月に施行）され、面会交流と子の監護費用（養育費）の規定が入るようになりました。

面会交流の心得

日本の場合、面会交流の頻度は月一度程度が多く、長期休暇中は、宿泊付きの面会交流を取り決める両親もいます。交流の頻度、時間などは同居時の親子交流などケースによってさまざまですが、肝心なのは、交流時に親子楽しく過ごせるように、双方が配慮することです。

以前、成人した息子が実父に対して、母親と正当な理由もなく面会交流させず精神不安定になったという理由で、慰謝料請求を申し立てる事例がありました。夫婦が離れて暮らすことになっても、面会交流は特別の事情がない限り、定期的、継続的に親子の交流を保ち、子どもがどちらの親からも愛されているという安心感を得ることが、今後、生きていく拠り所になると思います。

子どもと離れて暮らしている親へ

・面会交流の日時や場所などは子どもの体調や生活のペース、スケジュールに合わせる。
　子どもの年齢、健康状態、学校や課外活動、塾などの都合を十分考えて、無理のない内容にすることが大事である。子どもが喜んで会えるように配慮して欲しい。

・約束した日時はできるだけ守ること。
　事前に取り決めた面会交流の決めごとは、特別の事情がない限り守ること。急な事情により変更する場合は、できるだけ早く相手に連絡をし、よく事情を説明する。特に、面会交流の始まりや終了の時間は厳守することが、定期的、継続的に実現するためのポイントである。

・交流中は子どもが楽しく過ごせるように配慮すること。
　子どもにとって、同居親の悪口を聞かされることはつらいことであり、自分の足下（ルーツ）を非難されているように受け止めてしまうと、自尊心の低下に繋がる。親の様子をしつこく訊かれると、気が重たくなってしまう。大事なのは、子どもが今、関心を持っていることや学校の行事など、楽しいニュースなどを聞かせてもらうこと。

・高価なプレゼントや行き過ぎたサービスは控える。

久しぶりに会うと、子どもに気に入られようとプレゼントや小遣いを渡したくなる。しかし、誕生日やクリスマスなど特別な行事以外で、安易に愛情をモノで表すのは、子どもの成長の面からよくない。何か一緒に作ったり、身体を動かしたりして、少し工夫することが子どもに楽しい思い出として残るように思う。

・一緒に住んでいる親に相談もなく、子どもと約束しない。

子どもの養育については、同居親の養育方針に基づいているので、それを尊重する。例えば、「泊まりがけで旅行に行こう」などと約束して実現できないと、子どもに後ろめたい思いをさせたり、不安がらせてしまう。更には、親同士の紛争に再び巻き込んでしまうことがある。大切なことは、親同士が話し合いで決め、子どもに負担を感じさせないことである。

子どもと一緒に暮らしている親へ

・子どもの生活状態などを相手に伝えておく。

別居親にとっては、子どもの健康状態や学校生活、現在の関心事などは非常に気になる。事前に電子メールなどで伝えておくと、面会交流時に話題にすることができ、子どもも別居親からも見守られている気持ちになる。

・相手の悪口や過去の夫婦の争いを言わない。
　子どもにとって、親の悪口を聞かされることが続くと、同居親に気をつかって、面会交流をしたくないと言うことがある。
・面会交流に行くときは、笑顔で送り出すよう心がける。それが出来なければさりげない態度をとる。
　子どもは、同居親の気持ちや表情に敏感である。同居親の態度などによって、面会交流を後ろめたく思ったり、悪いことをしているように思ってしまう。同居親は、現在愛情をもって支障なく養育しているのだから、自信を持って送り出して欲しい。面会交流をすることになったのは、別居親が希望して、両親が話し合って決めた約束で、子どもにとって良いことだと思っていることを伝えて欲しい。
・子どもが帰ってきたら、温かく迎えることを心がける。
　子どもは、同居親に気をつかって、複雑な思いで帰って来るかもしれない。笑顔で温かく迎えることが大事である。面会中のことは細かく訊かずに、楽しい時間が過ごせていれば「良かったね」と受容することが大事である。
・子どもが「会いたくない」と言うときは、その理由をよく聴く。
　子どもが面会交流に消極的だったり、負担を感じているようであれば、両親はお互いの面会交流に対する態度を振り返ってみて協議する必要がある。

離婚の渦中にいる子どもへの配慮

子どもの心情

子どもにとって、親の別居や離婚は想像もできないほど大変な出来事です。子どもの感じ方は、親の感じ方と同じではありません。幼い子どもは、家族の問題を解決するために家族がばらばらになるということになかなか納得できないし、基本的には、両親にもう一度仲良くなって欲しいと思っています。

とくに、幼い子どもは、自分を中心にして物事をとらえたり考えたりします。自分のせいで離婚したのではないか、自分が悪いことをしたから、自分を嫌いになったから捨てられていなくなってしまったのではないかと感じています。親は、子どもに責任や罪悪感を負わせないように、父親と母親がうまくやれなかったために離婚するのだということを、正直に繰り返し伝える必要があります。

また、幼い子どもは、自分の身に何が起ころうとしているのかわからず、強い不安を持ちます。例えば、①私は誰とどこに住むの？　②きょうだいと一緒にいられるの？　③友達はどうなるの？　④学校はどうなるの？　などです。

高学年の子どもの場合は、⑤どうして離婚を止められなかったのか、⑥両親はどうして自分たちのことしか考えなかったのか、⑦友達にどう話せばいいのか、など傷つくことが大きくなります。

身体にも影響が表れます。怒りの感情がコントロールできず、保育園や幼稚園で乱暴な行動を取ったり、熟睡できなかったり、赤ん坊がえりをしたりすることもあります。

子どもに離婚をどのように伝えるのか

前記のケースではすでに離婚していますが、四歳の長男には離婚したことを伝えていません。父親は、母親の不在について、「ママは仕事で遠いところにいる」と話しています。あるケースでは、「パパはお仕事でアフリカに出張して、ライオンに襲われて死んだ」と話した母親もいました。死んだ人を生き返らせるのは大変です。

このように、離婚や別居親について嘘をついたり、正しく伝えなかったりすると、子どもの心身の発達上支障を生じる危険性があります。幼稚園や小学生になり、友達にはお父さん（お母さん）がいるのに、自分にはいないことがわかった時の欠落感は相当のものです。年齢に応じて、離婚の事実や父親がいることは話しておき、基本的に面会交流ができるように配慮することが大事です。

・原則は、両親がどのように話すか協議して決めたらよい。無理であれば、同居する予定の親が伝えたほうがよい。子どもの年齢に応じて、客観的事実を工夫して伝えることが必要で、離婚原因を全部話さなくてよいが、嘘をつかないことが大切である。

・離婚の原因を伝える時は、悪口など相手に抱いている負の感情は伝えない。子どもにとっては、立っている片方の足を痛めつけられているのと同じだからである。

・子どもは今後の生活に不安を抱いているので、今までと変わらないことはどんなことか、これから変わるのはどんなことかを具体的に説明することが大切である。離婚の影響をできるだけ少なくするように配慮してもらいたい。

・子どもの養育上、愛情の足し算はいいが、引き算（別居している親に特別な事情もないのに会わせないなど）はよくない。

伝え方の具体例――子どもの年齢に応じて

〈離婚したわけ〉

・「お父さんとお母さんは喧嘩して、何回か仲直りしようとしたけれどできなかった」ことを伝える。

「このままだともっと嫌いになってしまって、お互い憎み合うようになるから、そんなことにならないように、別々に暮らすほうがいいと思ったので、別れて暮らすことにしたんだよ」。

・「パパとママは喧嘩したんだけど、お互いに〝ごめんね〟ができなくなっちゃった」。

・「お父さんとお母さんの喧嘩の原因は、あなたではないし、嫌いになったわけじゃない」。

・「今までのように家族一緒に生活できなくなって、つらい思いをさせてごめんね」。

〈環境の変化について　別居や面会交流〉

・「お父さんとお母さんは両方とも、あなたと暮らしたいと思っている」ことを伝える。

「お父さんとお母さんが話し合った結果、あなたの生活や学校のことを考えて、私が育てることになったのよ。それでいいかなあ？」

・離婚後、住居、学校、友達、小遣いなどどうなるのか、別居する親と会えるのか等を伝える。子どもは現在の生活がどのように変わるのか、非常に心配している。
・「これから別々に暮らすことになるけど、お父さんとお母さんであることには変わりないよ。これから、時々あなたと会ったりして、あなたが大きくなるのを見守っているからね」。

子どもには離婚による環境の変化やつらい状況を跳ね返す力があります。面会交流の中で、子どもの自尊心を大事にして、愛されているという実感を持てるように配慮します。

〈子どものルーツ〉
・両親が、お互い好き合って結婚したこと、子どもの出生を待ち望んで喜んだこと（妊娠中のことなど）、名前をどんな思いで付けたかなどを話すことが大事である。

子どもは、立っている地面が不確かだと自立できず、現状から飛び立てません。

親教育プログラム

家族が変化すると、そのしわ寄せが来るのは、家庭内で弱い立場の高齢者と子どもです。特に親の事情で離婚する場合は、子どもは両親の紛争に巻き込まれることが多く、離婚が子どものトラウマになることが多くあります。

親の離婚、別居を経験した子どもたちについて、親子の交流が円滑に行われた場合、その後も安定して成長しているという研究結果が、アメリカや日本の実証的な研究で出ています。ただしその場合、同居親も非同居親も、安心して面会交流を実施できるような環境が必要です。

一方、面会交流のプラス面だけでなく、マイナス面にも配慮する必要があります。面会交流で受け渡し場面の争いや同居親への非難、子どもがやっと別居親に馴染んだころに別居親が再婚するため面接交流の中止の申し入れなど、子どもが親の道具に使われたり、両親の板挟みになり精神的に不安定になることがあります。従ってこの両面を視野に入れ、どのような面会交流の方法が、子どもの利益に叶うのかをみていく必要があります。

諸外国では、別居や離婚前の段階での情報提供や父母の教育プログラムなど、離婚準備講座とでも言うべきレクチャーが設けられ、それを受けないと離婚の手続きが始まらないなど受講をほとんど義務化しています。例えば、①離婚する場合は、どういうことを解決しなければならないのか、②紛争の渦中にいる子どもはどんなことを感じるのか、③面会交流など、親として子どもにできる最善のことは何であるか、などが内容です。

日本では、調停離婚を利用する場合は、パンフレットやＤＶＤなどでの情報提供が用意されていますが、現状では離婚の大半を占める協議離婚では全く配慮されていません。特に日本は単独親権制度であるため、離婚後も子どものために両親が役割分担をして、共同監護に当たるという文化が育っていません。両親に学習してもらう必要があります。

今後の課題としては、母子手帳を交付する際に親になるためのレクチャーをしたり、離婚する際にも、諸外国のように離婚準備レクチャーをするなど考える必要があるのではないでしょうか。

絵本等の活用について

子どもを巡る紛争に関する情報提供として、DVDなどがあります。他に、最高裁判所からは、離婚や面会交流に関する絵本が配布され、各家庭裁判所で活用されています。ここで三冊の絵本を紹介したいと思います。

一冊目は、『あしたてんきになあれ』という絵本で、家裁調査官が中心となって作成し、刊行したものです。これは、離婚に至るまでの子どもの心の動きなどを動物の家族を通じて理解を深める内容となっており、小学校低学年の子ども向けに書かれています。

二冊目は翻訳本で『ココ、きみのせいじゃない——はなれてくらすことになるママとパパと子どものための絵本』（ヴィッキー・ランスキー著、中川雅子訳、太郎次郎社エディタス）。離婚後の面会交流のあり方について、熊の親子のキャラクターを通じて理解を深める内容となっています。

三冊目の『パパはジョニーっていうんだ』（ボー・R・ホルムベルイ著、ひしきあきらこ訳、BL出版）は、面会交流の大切さについて、父親と男の子の物語を通じて理解を深める内容となっています。

調停で悩んでもらう、一緒に解決案を考える

前記のケースでは、両親が絵本や子ども達の声を集めた本を読み、子どもの心情に思いを馳せるようになりました。両親は、紛争に巻き込まれた子どもの心情など客観的な情報を共有化し、子どもの視点で、解決に主体的に関与し始めています。例えば、母親は、面会交流についての主語が「私が会いたいから」から「子どもにとってどうだろうか」と言い方が変化しました。

調停では、何もかも決めて欲しいと丸投げをする当事者がいますが、解決の主体は当事者であり、調停委員は解決を補助する役割です。

家事紛争（離婚）の調停

家事調停 ─ 折り合いをつける

調停という言葉の語源は、調和の「調」、紛争の停止の「停」からきています。調和を目的としているので、白黒の決着をつけるところではなく、紛争を起こしている当事者同士がどう「折り合い」をつけるかです。「折り合い」の類語として、「妥協」、「譲歩」があります。意味的には同じようなものですが、「折り合い」のほうが耳触りが柔らかく、「妥協」のほうが「折り合い」よりあきらめ感が強いように感じられます。

家事紛争の特徴は、江戸時代の川柳集『誹風柳多留《はいふうやなぎだる》十七編』にいい例があります。

なき〳〵もよい方をとるかたみわけ

大事な人が亡くなって、悲しみにくれ泣いている場面で、泣きながらもより価値ある形見を選ぶのも人間の一面です。家事紛争は、とりあえずモノとこころを分けて考えますが、民事裁判と比べ、モノからこころへ、こころからモノへという両面を頭に入れることが必要になります。

家事調停を利用するための覚書き ── 離婚調停

夫婦が離婚する場合は、今までの関係を清算するためにいろいろなことを解決しなければなりませんが、ここでは、手続き的な面や戦略的な点に焦点を当てるのではなく、まず、どのように家事調停（ここでは離婚調停を念頭におく）という紛争の解決手段に向かい合うのかを箇条書きにしました。

①調停は、前記したように「折り合い」であり、裁判のように白黒をつけるところではありません。白黒をつけるところでないからこそ、非公開でいろいろな事案に応じた柔軟な解決ができます。

大岡裁きの「三方一両損」の考え方が参考になります。両当事者は、双方が少しずつ折り合いをつけていき、調停委員は、紛争解決のために時間とエネルギーを費やすことになります。それで三者が一両ずつの負担をすることになるというわけです。

②調停は、夫婦の今までの関係を整理して再出発する場でもあります。離婚後の人生で、調停が生かされるようにプラスの物語ができたらいいと思います。従って、相手への不満、批判が大いにあることは十分理解できますが、嫌いで結婚した人はほとんどいないので、楽しかったころも含めて整理する必要があるのではないでしょうか。相手の批判に終始すると、相手を選択した自分を否定することに

なり、婚姻生活が無意味ということになってしまいます。

自分の歴史の中に生じたこと（良いことも悪いことも）を、自分にとって何らかのプラスの意味があったというように意味づけられて作られる物語が、人を支え豊かにできるのではないでしょうか。
③調停を申し立てたほうが有利であったり、申し立てられたほうが不利であるということは全くありません。気持ちとしては、申し立てられた相手は被害感を持ちやすくなりますが、調停の中で自分の主張を明確にしていくことが肝要です。
④離婚に至る原因は、一方に一〇〇％あることはありません。大部分の夫婦は、割合は違っても双方に紛争に至った責任があります。
⑤離婚に伴う金銭的な請求は、こころをモノに託す一面があり、こころをどこで納得させるかは、相手の経済状態や審判例などを参考にしながら、現実的な解決を目指す必要があります。
最近は、当事者が解決を調停委員などに丸投げするケースを見かけますが、当事者も紛争の解決案を提案することが必要です。その解決案は、相手が少しでも検討できるものであるのかどうか、自分が逆の立場だったら受け入れられるのかどうかを、現実的に検討することが大切です。物事の解決には、何ごとも第一案、第二案など次善策が必要です。

調停委員は、両当事者の通訳者であり、いろいろな解決案を出す軍師でもあります。決定するのは、軍師の主である城主であり、調停で言えば調停を利用している当事者です。
⑥子どもがいる離婚については前述しましたが、特に配慮が必要になります。子どもは、夫婦の紛争当

初から表面的には見えなくても相当なストレスを抱え、心身が不調になることもあります。離婚する際には、子どもにわかりやすく説明することはもちろん、離婚後、養育費、面会交流など、例外を除いて婚姻時と同じような養育環境を整えることが大事です。それが、離婚についてなんの責任もない子どもに対する福祉的な配慮でしょう。

⑦家裁は、離婚調停だけでなく、夫婦円満調整の申立てもできるので、紛争が大きくなる前にもう一度やり直したいと考えている人は、調停を利用してもいいのではないでしょうか。

夫婦の禁句集と円満のコツ

「昼食は妻がセレブで俺セルフ」、この川柳は、ご存じの方も多いと思いますが、第一生命保険株式会社が募集した「第十九回サラリーマン川柳コンクール」（二〇〇六年発表）の中で、第一位を獲得したものです。日常生活の夫婦のひとこまをウイットに富んだ句に仕上げています。「退職後自立してネと妻離婚」という、何とも身につまされる川柳もあります。

夫婦が離婚を決意するまでには、日常的に小さな不満の積み重ねがあります。離婚する前にもう一度やり直したいと思う夫婦も結構いますが、その方法がわからない人がどうも多いようです。ＮＨＫに『その時歴史が動いた』というドキュメンタリー番組がありましたが、夫婦にも「そのとき夫婦が動いたコトバ」があるようです。そのコトバを禁句集として整理すれば、その裏返しとして「夫婦円満のコツ」を考える端緒にならないだろうかと、数年前からぼんやり考えています。

離婚時の留意点や子どもへの対応などいろいろな研究書がありますが、離婚を少しでも減少させていく方法も考える必要があるでしょう。もちろんコトバだけではなく、離婚時の行動やコトバにならないノンバーバルコミュニケーションも大きい要素を占めていることは言うまでもありませんが、ここでは、他者とのコミュニケーションの道具としてのコトバに焦点を当てて少し整理をしてみます。

人間関係の基本はコミュニケーションです。夫婦関係も同じで、自分の思うように相手を変えようとしても変えることはできません。自分が少し変わると相手が変化します。

離婚調停ケースの面接や日常生活で集めた「夫婦の禁句集」を少し整理して、夫婦円満のコツを自戒を込めて提案してみたいと思います。

夫婦の禁句

夫婦だから言えること、夫婦だから言えないことがあります。夫婦の禁句は、時代に応じて変わってきている面もありますが、変わらないものもあります。男と女の関係は、つじつまの合わないものです。犯罪を犯した相手であっても、惚れてしまうとどうしようもない。

市井や調停事件などで拾い上げた禁句を具体的に挙げてみます。

①「あんたがこうなのは、あんたの親が悪いからよ」、「そういうとこ母親（父親）にそっくりね」―お互いの実家（両親）の悪口を言う。

昔は、結婚の契約は家と家で取り交わされるものであったが、現在は、個人と個人で交わされるものと思われる。しかし、大方の場合、夫婦喧嘩をして出ていく先は実家である。両親は、自分の一部でありルーツである。自分の両親を批判されると、即、自分を足下から否定されているように受け取る傾向が強い。

②「背が低いね」、「性格が悪い」―相手の心身を貶《けな》す。

市井三郎に『歴史の進歩とはなにか』（岩波新書、一九七一年）という本がある。そこでは、自分に責任のないことで責任を取らされることがより少なくなることが、社会の成熟度のバロメーターだと書かれている。心身、とくに身体のことを批判されるのは自分ではどうしようもないものであろう。持って生まれたものや加齢によるものはどうしようもない。

③「隣の奥さんは、いつもきれいで笑顔がかわいいのにな」、「それにひきかえ、あなたって人は……」―他人の配偶者や他者と比較する。

これは夫婦に限らない。ある一つの視点だけで他者と比較されると、どうしようもない。オンリーワンの発想が必要であろう。特に社宅に入居していると、待遇や給与などを巡って起こりがちである。

④「前にも同じ失敗をして、あんたは懲りないね」―過去の過ちをいつまでも引き合いに出す。

お互い喧嘩のたびに、過去の過ちを持ち出し、喧嘩を優位に持ち込もうとすることは多い。過去は取り消すことができないのでどうすることもできない。大事なのは、現在起きている問題をどう解決し、これから一緒に生きていくかであろう。

⑤「どうしてこんなに頑張っているのに評価してくれないんだ」―仕事上の不平、不満をぶつける。

仕事上などの愚痴ばかりを配偶者にぶつけたら、毎度聞くほうは堪らない。時には楽しい話題もないと、家庭の雰囲気が暗くなってしまう。特に問題なのが、愚痴を言わずに、機嫌の悪さだけを家庭に持ち込むことであろう。

⑥「○○ちゃんは、お母さんの気持ちがわかるよね」―喧嘩のときに子どもに意見を求める。

喧嘩をしているときは、家族の誰かに味方になってもらいたいものである。喧嘩は一方が一〇〇％悪くて、他方に全然問題がないということはあり得ない。喧嘩が膠着《こうちゃく》状態になると、子どもを味方に付ける傾向がある。子どもを夫婦の紛争の渦中に引きずり込むことは、子どもにとって外傷体験になろう。特に、子どもの目の前で、暴言、暴力を見せてしまうと、子ども自身が両親の不仲の原因を自分のせいだと思い込み、不適応状態に陥ることもある。また、子どもに配偶者の悪口を言わないことも大事である。たとえ父親失格の人であっても、そう思いたくないのが子どもである。親が蔑《さげす》まれることは、子どもの自尊心を歪めることになろう。

⑦「俺がおまえを食わしてやっている。誰のお陰で生活できているのか」―経済的にどうしようもないことを持ち出す。

よく聞くコトバである。専業主婦は金銭の報酬はないが、育児・家事労働など家庭生活を維持するために貢献している。右の暴言は、配偶者の地位を低くし、物言わぬ存在にしてしまう。「俺が稼いできたお金を、俺が自由に使って何が悪い」というコトバも耳にする。

夫は往々にして、妻に口では負けるので、現実的に最後の砦である給料を言いだすことが多い。

⑧「全部給料を渡しているのだから、これくらいの貯金はあるはずや」─ときには、家計の状況を二人で検討してみる。

家計を全面的に配偶者に任せている場合であろう。日常生活費は案外大きいことを知らないで言うことが多い。年に一度くらい家の経済状況や資産状況を、夫婦で検討することも大事だと思う。

⑨「俺が働いているのだから、遅くなっても起きておくのが主婦の役目」─威厳は自ずと出てくるものである。

これは、若年夫婦にはみられないコトバである。若年夫婦の場合は、起きていると負担になるので寝ていてくれと言うだろう。中年夫婦以上の場合は、配偶者が寝ていると「お帰りなさい」と言ってもらえず寂しいのだろう。「寂しい」と言えたら良いのにと思う。もちろんこうした発言には、夫が威厳を保とうとする側面もある。

⑩一般論で「女のくせに」、「男のくせに」と固定的に言う。

夫婦がよく使う責めコトバである。「男ってだらしない」、「女ってのはしようがない」の一言である。このコトバは、ある程度個性的だと思っている自分が、男・女という大きなカテゴリーの中に十把一からげにされることで、ひとりの人間として反論のしようがない。

例えば、そう言われた夫は、妻がどのように夫を見ているのかはっきりしないし、また夫は、いつもの妻の愚痴が始まったとしか受け取らないことが多い。

人は、男性性も女性性も持っており、配偶者との関係でバランスを取るものであろう。一般論で「～ねばならない」と言われたら、理想像と比較されるようで、喧嘩になってしまうであろう。

「男は度胸、女は愛嬌」というコトバは古くからある。出生時の男女比を見ると、生まれる率は男児のほうが多いが、女児に比べて死亡率が高く、結婚適齢期くらいで男女の数のバランスが取れてくる。そういう生物学的な意味では、男は本来弱く生まれ、女は生命を産むエネルギーを持って強く生まれ、長生きもするのであろう。時代の要請から「男は度胸、女は愛嬌」と言われてきたもので歴史は浅い。現代では本来の姿に戻り、「女は度胸、男は愛嬌」であろうか。これも固定的な見方と言えるかもしれない。

⑪「手伝ってあげようか」― 若年夫婦の場合、特に共働きの場合。

若年夫婦の場合、生き方の一つとして結婚を選択しているので、禁句もベテラン夫婦とは違った特徴がある。最近は、相手を労《ねぎら》うために発する「やさしい言葉」が夫婦喧嘩の種になるようである。

若年夫婦は共働きが多い。これはただ裕福な生活をするというよりも、生き方の問題であろう。共働きをする場合、双方が家事・育児を分担しようというのが暗黙の契約になっている。そうでありながら、「手伝ってあげようか」というコトバは、当然、分担するべき家事労働について「手伝うとはなにごとか」と怒りを呼ぶのである。役割分担と手伝いは違うということである。団塊の世代にとっては厳しい対応である。

最近の夫婦は、自尊心が傷つきやすくなっている。男女平等意識が高まるなか、何事にも互いに競争心を持つ夫婦が増えている。夫は、女性の支配力が強まっていると感じ、妻からのちょっとしたアドバイスも素直に聴けなくなっている。一方、妻のほうからすれば、女性は、自分が関わりを持ったモノを簡単に否定されることに我慢がならない。何が禁句になるかわからない時代である。

二〇〇六年十二月、東京都渋谷区在住の妻が、外資系不動産投資会社に勤めている夫を殺害し、のこぎりで切断した事件が報道された。その後の報道によれば、双方とも離婚を考えていたが、妻は、「妻として、女としての扱いに不満があった。離婚して慰謝料をもらうだけでは気持ちが治まらなかった」、殺害後の心境については、「夫との争いに決着がついた」と話したという。今風の夫婦を象徴する事件であった。これから夫婦の主導権争いの紛争が増えてくるように思う。

⑫「うるさい、泣かすな」―若年夫婦の場合。夜泣きする赤ん坊をあやしている妻に言う。

初めて母親になった緊張とストレスを抱えている妻が、ある夜、夜泣きする赤ん坊をあやしている。このコトバを言ったが最後、「生涯恨まれる」。今時の妻はキレル。「あなたと一緒につくった子どもでしょう」と言いたい気持ちがある。

⑬「離婚してやる！」―安易に何度も言う。

本当に離婚するつもりもないのに、安易に最後通牒をつきつけるのはやめよう。「離婚してやる！」、「ああ、望むところだ」と売り言葉に買い言葉となり、お互いに引っ込みがつかなくなってしまう。

⑭「全部あなたのせいよ」―不和の原因を一〇〇％相手のせいにする。

責任の押し付けはフェアではない。仮に、争いの原因を作ったのが夫側で、妻が被害者であったとしても、「全部あなたが悪い」と糾弾するのではなく、夫の何が悪かったのかを具体化し、それとともに自分に何か改善すべき点はなかったかを考えてみたい。

夫婦円満のコツ〈心得〉

前述の禁句の反対を実践することが「夫婦円満のコツ」になるわけですが、それだけでうまくいくとは限りません。これは禁句であり、離婚に至る原因を少しでも減らすだけです。

次に円満のコツについての心得とその具体化の方法を少し整理してみましょう。禁句というのは、人間の動きからすると不自然で不自由です。「do not」よりも「do」のほうが人間としては動きやすい。何かその人への思いやりがある働きかけのほうが、人の動きとしては自然でしょう。

あるテレビ番組で、五十代の男性が四国八十八箇所の遍路をしていました。彼の杖には、病弱で同行できない配偶者の名前がマジックで書かれていました。四国のお遍路さんの傘には、「同行二人《どうぎょうににん》」と書かれています。もう一人は弘法大師です。弘法大師が一緒に歩いてくださっていると思い、一人で歩いている。共に歩くというイメージによって支えられて、力を得て歩く。「夫婦円満のコツ」とは、別々に行動をしていても、お互いが必要としていて、「共にある」というイメージが持てているかどうかがポイントではないでしょうか。

夫婦に関しては、十組の夫婦がいれば十の夫婦論があり、皆が専門家です。しかし、人生経験を積んでいても、四十歳であれ、八十歳であれ、その年齢は一生に一度、はじめて経験する歳であり、その意味では、人生の素人という一面があります。そこで、円満のコツを提案してみます。

①夫婦は、タテではなくヨコの関係でギブアンドテイクの関係である。

他人という名の夫婦なので、他人だからこその配慮が必要である。俳優の故・森繁久彌の言葉に、「夫婦は、一心同体ならず」というものがある。ある意味で、近しい他人であることを肝に銘じておくことが肝要であろう。他人であると思えばこそ、いろいろな配慮が必要であろう。しかし、その配慮も自然にできたら良い。

夫婦は向かい合わない方がよい。向かい合っている時は、互いに違うものを見ている。実はそっぽを向いているのと同じくらいに、互いの見ているものは重ならない。コスタリカでは、レストランで食事をする恋人同士、夫婦は横に並んで食べていた。並んで食べるほうが感覚は似てくる。イタリアでも、恋人同士ならば直角に座って食べることが多い。養老孟司によれば、夫婦は、向かい合うのではなく直角に座るのがよい。二人で暮らしているので、合力になる。二つのベクトルが直角になっているときに、力が一番大きくなるそうである。

②ロマンチック・ラブは長くは続かない。

日常は平凡である。愛は無償ではなく、続かせるものであろう。精神科医の小此木啓吾が、「夫婦である」から「夫婦をする」時代になっているというのは、このことであろう。

俳人・岡本眸の句に「花種を蒔き　常の日を新たにす」というものがある。

平凡な生活の繰り返しであるが、生活のリズムを保ちながら、花種を蒔くなど小さな変化を入れて日々を新たにする意であろうか。この人と結婚してよかったと思えるようなことを日常の些事の中に(例えば一カ月に一度でも)、発見することが大事なのであろう。そうすれば、あとの三十日は何とかやっていけるのではなかろうか。

プロ野球のソフトバンクの王貞治会長が、「西日本新聞」(二〇〇九年四月)にソフトバンクの開幕戦を観戦しての感想を言っていた。「開幕はいつでも胸がときめく。ときめかなくなったらおしまい」と。何事もそうであろう。

③こころさえ通じ合っていればうまくいくという幻想を捨てる。

態度で示すことが大事である。このことは、特に中高年の夫婦に言えることであろう。小さくても新しい発見がなかったら何事も長続きしない。

④相手は、こちらの思うように行動すべきであるという考えにとらわれない。

よく聞くコトバに、「私のことを少しもわかってくれない」がある。これは、自分の思い通りに動いてくれないという不満の表れを意味することが多い。

⑤百点満点の夫婦を目指さない。

七十~八十点位の夫婦を目指す。双方とも百点を求めがちである。百点なんてものは、世の中にはないとわかっていながら求めてしまうことが多い。どこで折り合いを付けるかであろう。完璧なんて不自然である。二人の内、どちらかがふざけているほうがよい。

⑥夫婦の後半を過ごしている者は、死に逝く者同士として、夫婦の前半を過ごしている者は、これから二人の色を探して作る者同士としての自覚が必要である。

⑦結婚を維持している夫婦は、どこかセイフティガードがある。

何とかうまくやっている夫婦には、少し秘訣があるように思えるし、夫婦のどこかがつながっている。危機場面での対処の仕方を、事前に話し合っておくことも大事であろう。夫婦は、同じことの繰り返しで、退屈するのは当たり前である。よほど変化していかないと長続きしない。こころの作業としては、同一の相手と離婚、再婚を繰り返している夫婦はうまくいっているように思う。

⑧結婚はお互い好きな人としている。嫌いな相手とはしていない。

このコトバは、何度か実際の面接場面で使った。紛争時は、当然ではあるが、相手の悪いことばかりしか言わない。しかし、結婚するときは、ほとんどの場合、縁あって、お互い愛し合って結婚をしたであろうに、おくびにも出さない。良いときもあったことを思い出すのは、自分の人生を肯定することにもなる。

具体的方法

①「ありがとう」、「ごめん」を無理なく素直に言える。

日本では、「わざわざお礼なんて言わなくてもいいよ。水臭い」などと言ったりする。非言語的なものが大事にされてきたが、現在はモノがあふれ、生活は間に合わせの個人主義になってきている。「ありがとう」と言い合える謙虚さと、「ごめんなさい」と謝れる素直さが大事であり、日ごろから練習しておく必要がある。やはり、子どものころからの訓練が必要になってくる。

②夫婦doing、時々一緒に行動する。

夫婦はウィークデイは、お互いの仕事や趣味で別行動をするが、一週間の休日の内一日は買い物、外食、温泉などに出かけ、共同の体験をして思い出をつくる。思い出を重ね合わせることは、夫婦を支えているものだし、その人そのものである。同じ意味で、家族doingも大事である。

③お互いの生活領域を尊重しつつ、共に歩く。

最近、熟年離婚が増加してきている。妻側が、長年、子どもや愛情を失った夫の世話に追われ、家族のためにじっと我慢をしてきたので、これ以上は耐えないで自由になりたいと離婚を求めることが多い。一方、夫は定年になって急に会社人間から肩書きのない個人に戻ったとき、自分というものの空白に直面して、妻といつも一緒に行動をしたがる。

いつも一緒は疲れるので、日ごろからお互い自由行動で拘束せずに、適度な距離感を持つことが大事であろう。

イギリスの精神分析家ドナルド・ウィニコットは、理想の夫婦として次のようなことを述べている。「二人でいて、それぞれが一人になれるような心の自由な状態こそ、お互いの間の愛の望ましいあり方」ではなかろうか。お互いの世界（色）を尊重するというのは、オンリーワンの発想であろう。

④夫婦のコミュニケーション（喧嘩）のパターンを一方が変えてみる。

夫婦間の争いには、日常生活の約束事をどちらが決めるかという勢力争いが底流としてある。特に、喧嘩のパターンは固定化していることが多い。喧嘩が次第に激しくなるようであったら、喧嘩のパターンを一方が変えてみる。一方が変われば、相手も否応なく変わらざるを得ない。

例えば、金銭管理は妻に任せるとか、謝罪はまず夫がする、言い合いになりそうな時に、三分間だけ言い返さないで相手の話を聞いてみる、しばらく手紙やメールで気持ちを伝える、などであろうか。どちらにせよ、相手の感情をまずは読み取るという基本を、疎かにしないことが大事であろう。

他の人が同じような立場に立っていたら、自分がどのようにアドバイスするのだろうか考えてみることも大事である。

⑤多くを求めない。小さく求める。

多くを期待すると、不満が溜まる。小さく期待してそれ以上のことをしてくれたら、幸せな気持ちになれる。ベテラン夫婦の智恵である。

⑥マイナス思考「○○しか」→プラス思考「○○も」に変えてみる。

リフレーミング（reframing）とは、ある枠組み（フレーム）で捉えられている物事を枠組みをはずして、違う枠組みで見ることを指す。元々は家族療法の用語である。同じ物事でも、人によって見方や感じ方が異なり、ある角度で見たら長所になり、また短所にもなる。

例えば、試験で残り時間が十五分あった場合、悲観的に考えた場合は「もう十五分しかない」と思うし、また楽観的に考えた場合は「まだ十五分もある」と思うであろう。夫の役割である部屋の清掃を、依頼とは違い「三カ所しか」していなかった場合、「三カ所も」と考え、まず「ありがとう」を述べることが大事だと思う。

⑦喧嘩を上手にする。

昔の言葉で、「喧嘩している内が華」というのがある。小さな喧嘩もしないのは、一方が我慢しているか、相手に対して無関心とも言える。適度にぶつかり合う関係のほうが、結びつきが深いのではなかろうか。上手に小出しに喧嘩するには、テクニックが必要であろう。次のように提案したい。

・Ｉメッセージとｙｏｕメッセージ－自分の気持ちや感情を伝える。

相手を非難しないで、自分の気持ちや感情を伝えることが大事である。何が嫌か伝える努力をしなければ先に進まない。

夫が残業して、その後連絡しないまま同僚と飲酒して帰宅が遅くなった場合、妻が「なんで遅いのよ。夕食が無駄じゃない」と夫に対する不満をぶつけたりする。当然である。これが、Ｙｏｕメッセージである。この表現を、「帰りが遅いと、体が心配だし、何か事故があったのじゃないかと心配していた」と言い換えてみる。これが、Ｉメッセージである。

相手に対する不満をぶつけるより、自分の中の心配だったという気持ち（腹を立てている気持ちもあるが、心配した部分もあるのではなかろうか）を言うほうが、効果的で大きな喧嘩にならないのではなかろうか。

・予め仲直りの仕方を決めておく。

夫婦仲が良いときに、予め仲直りの方法を決めておく。それもコトバではなく、物や行動にしておくとよい。例えば、夫が謝罪したいときは、バラの花を買って食卓に飾る。妻が謝罪したいときは、晩酌の缶ビールを少し高めの「ヱビスビール」に代えるとか、予め決めてある総菜を食卓に用意するなどであろうか。行動で示すと言葉も出しやすくなるようである。

・最終的に対立したら「勝負なし法」にする。

お互いの自尊心を大事にして解決策を出し合う。例えば、「週二回は早く帰る」、「夫が食事を週二回は作る」などの妥協点を見つけていくしかない。

・正しいことを言うときは、七、八割に薄め、少し控えめに言う。

正しいことを言うときは、相手は傷つきやすいものだと気づいておく。お互いに非難することがあっても、非難できる資格が自分にあったかどうか、後で疑問を持つことも大事であろう。そのため、正しいことを言うときは、七、八割に薄めて言ったほうが、相手を傷つけず心に入りやすい。

⑧結論を先に言って話をする。

特に、女性から男性に話をする場合、結論を先に言うほうが聞きやすく、トラブルも少ない。例えば、「愚痴を聞いてくれるかなあ」、「相談したいのだけど」などである。

⑨少しでも上手くいっている点を見つけ、どのようにしてできたのか考える。

夫婦は、いつも喧嘩ばかりしているのではない。うまくいっている部分や、楽しかった部分もあったと思う。それをまず探してみる。うまくいっている場合、どうしてできているのかを考えてみる。コーピングである。うまくいっていたことと同じことをするか、少し改善したらどうであろうか。

夫婦関係のパターン

夫婦には、似たもの夫婦と自分にないものを求め合う夫婦の二通りあるのではないでしょうか。似たもの夫婦は、思考や価値観が同じことが多いので安定していますが、二人の関係から新しいものが生まれるのはどちらかというと少ない。その反対で、性格がまるっきり違う夫婦は不安定ですが、二人の関係から創造されるものは大きいようです。

どちらがいいか一概には言えません。自分達夫婦はどのタイプなのかを、ときには考えてみることが大事なのかもしれません。せっかく縁があり（仏教では結縁という）、共に生活するようになったのですから、その結縁をまず信じてみるのが大事ではないでしょうか。これからの時代は、「夫婦であること」よりも、意識的に「夫婦をする」ことが求められていると言えます。

いろいろな夫婦論がありますが、私には永六輔氏の言葉がシンプルで本質に近いように思います。「ぼくの母が亡くなって、荼毘《だび》に付される直前、（妻が）冷たくなった母の顔をいつまでもなでてくれていたときに、『いい嫁だな』と思った。この人と結婚してよかった、と思えること、が夫婦なのだろう」

日常の小さな出来事の中に小さな発見、ときめきを見つけることが夫婦なのだろう。

家裁調査官の覚え書き

描画療法を交えて

家庭裁判所という枠の中で

葛藤を抱える、そこから生まれるもの

家庭裁判所という一つの組織の中で仕事をしていると、その理念や目的に対して、自分の考え方や行動に少し違和感が生じることがあります。違和感が出てくるのは自然なので、その違和感を否定したり、過剰に適応せずに、意識化して葛藤を抱えるようにしました。

葛藤を意識的に漂わせておくと、何かが自分の中で生まれてくることがあります。そのきっかけは、テレビを観たり、新聞や小説などを読んでいるときにもあります。何かストンと腑に落ちる。それが、いつか自分の身についた考え方やことばとなっていくように思います。それは、従来の考え方や実践のやり直しではなく、土台や骨格はそのまま生かしたリフォームのようなものです。

葛藤を抱えることから、何かが自分の中で動き出すように思うのです。

こころと身体に気持ちよいことをする

しかし、葛藤を抱えていると、心身に負担が生じてしまうことがあります。自分の身体が自分に属しているという感覚や身体のコントロールが少しでもできていると思えるのが、何事をする上にもまず大事なように思います。

それには、当たり前のことですが、

①生活のリズムを整えること。自律神経のバランスが良くなるそうである。

②睡眠を六、七時間程度取ること。昼間、脳内ホルモンを消費するので、睡眠中にホルモンが充電されるそうである。

③食事を美味しく、バランスよく摂取すること。

④仕事と休養のスイッチをうまく切り替えること。

⑤こころと身体が今どんなことを感じているのか、時々意識化すること。

⑥今解決できないことは、しばらく壺の中に入れて置いておくこと（田嶌誠一の壺イメージ療法）。

⑦ストレッチなどの身体面のケアを習慣化すること。

このようにして、少しでもこころと身体に気持ちよい状態を作るように心がけることで、自分だけでなく、クライエントにも最大限の援助ができるのではないでしょうか。

ケースから考えるのか、組織の枠から考えるのか

課題解決のための援助的面接をする場合、臨床の場（職場）によっていろいろ制約があったり、上司や組織の方針によって抑制せざるを得ないことがあるのではないでしょうか。

結論としては、ケースの解決には、まずどのような方針で、何が必要か。次の段階として、組織の枠から考えてそれが可能かどうか。無理ならばどのように工夫して調整するのか、というような作業をしたほうが、クライエントを主体においた解決になるし、セラピストの技量も上がるように思います。その逆に組織の枠をまず考えて、解決方針を立てた場合、発想が貧困になり、良い結果が出ないことがあります。

次に、離婚した父母が、子どもとの面接交流を巡って争ったケースを紹介します。

父親からの申立て

①申立ての趣旨とその理由

親権者である父親から、現在、子どもを養育している母親（監護権者）に対して、間接強制[*5]の申立てがあった。離婚調停の際には、親権者は父親、監護者（養育者）は母親と決め、父親は子ども達と毎月一回、父親の指定する場所・時間で面会交流する旨の調停が決まった。しかし、母親は離婚後二回の面会交流に応じたが、以後、面会交流のための事前協議にも応じない。このままの状態

では、父親と子ども達との親子関係に深刻な悪影響を及ぼすので、面会交流をさせない場合は、母親が一回の違反につき二十万円を支払う旨の裁判を求めた。

②家　庭

申立人（父親・三十六歳・会社員）は離婚後、単身生活。相手方（母親・三十三歳・アルバイト）は、他県の実家で申立人との子ども二人（長男・九歳・小学三年、次男・七歳・小学一年）、両親と同居している。

③両親の紛争の経過

父親は、母親と見合い結婚。父親は、母親の明るくはっきりした性格と、何よりも美人であったことから結婚を決意した。母親は、父親の学歴と勤務先が気に入り、結婚に同意する。やがて長男が出生。父親は、自分が母親に甘えることができないと、長男の出生をあまり喜ばなかった。長男が泣き出すと、「もう子どもはいらない」と言い出し、夫婦喧嘩になることがあった。

＊5　間接強制＝一般的に「強制執行」というのは、裁判所での調停や審判に違反した場合、強制執行を裁判所に申し立てることで、一方的に、財産の差し押さえなどを行うものである。ただ、「子どもの面会交流」は、強制執行で無理矢理行うことはできない。子どもにとって、負担や精神的ショックが大きく、子どもをモノとして扱うようなものだからである。そこで間接的な方法で、相手に強制する方法が認められている。その方法が、面会交流を拒むごとに一定額の制裁金を支払わせるということである。

夫婦喧嘩になると母親の実家が介入して、紛争が大きくなった。父親の母親に対する暴言、暴力や、母親の精神不安定さから、母親が離婚を決意する。父親は離婚に応じず、調停で子ども達の親権者を父親にするとの条件で、調停離婚になった。

実際の子ども達の養育は母親が担当し、父親が子ども達と定期的に面会交流ができるように決まった。しかし、まもなく母親は、子ども達が会いたがらないという理由で、面会交流に応じなくなった。そこで父親は、本件の申立てをしたり、母親は親権者変更の申立てをするなど、紛争は拡大して複雑化していた。

④調査経過

裁判官から、「面会交流を妨げている事情の分析」等の調査命令が出された。併せて、夏休み期間中に一度、父子の面会交流ができるように調整して欲しいとのことであった。私（調査官）は、面接をするにあたって、次の三点を考えた。

ア、父親は、家裁と母親に対してかなりの被害意識と攻撃的な気持ちをもっていたので、調査官が父親に対して目に見える形で精一杯動いてみる。

イ、母親に対しては、紛争状態に置かれている母親のきつさを受けとめるようにする。紛争の現状を踏まえ、紛争解決のために何が可能なのかを考えてもらう。

ウ、子ども達に対しては、彼らのホームグラウンドで遊びながら、父親と会うことについての気持ちを聴くことができればと思った。

調査面接

□八月初旬　母親と子ども、母方祖父母に面接（母親宅に出張）

面接では、まず子ども達と遊び、仲良くなろうと思った。子ども達が学校から帰宅していなかったので、まず母親と母方祖父母から紛争の経過等を聴いた。

母親は、面会交流を決めるときは、子どもが男の子だったので父親の存在が必要だと思い、月一回程度の面会は可能だと思っていた。しかし、二回の面会交流を踏まえ、子ども達が予想以上に父親に強い拒絶感をもっていることがわかった。「お父さんが飛行機事故で死ねばいいね」とまで言う。私が、「そういう子ども達をどう思いますか」と母親に訊くと、決して良いことではないと思うが、たしなめたりすることはないと言う。まして、母親の父親に対するイメージを投影しているとは、思ってもいない。

今後のことについては、紛争が拡大、複雑化して大変困っていてどうしてよいかわからないと言う。子ども達の了解を得られたら、調査官立ち会いの下での面会交流を行いたいと私から提案した（調査官立ち会いの下での面会交流をすることによって、そこから何かが動き出すと思われた。母親から、子どもらが父親と会っても、当日は落ち込むが、翌日は元気に登校することを聴いていたので、何とかできるかなと思った）。母親は、子ども達が了解すれば、事態解決に向けて最大限協力するということであった。

子ども達が帰宅し、元気よく私に挨拶してくれた。キャッチボールを時々すると聴いていたので、彼らのホームグラウンドである近くの小学校でキャッチボールをすることにした。長男は、次第に投げる距離を広げ、男の子らしさを強調。次男にはボールを下から投げてやったが、時々しかグローブに入らない。二人ともうまく捕球できたときは、大きな声で誉めた。お茶を飲みながら休憩した後、二人は校庭で木登りを始めた。五十分程遊んだ後、家に帰宅。その頃は私を「おじちゃん」と呼んで、なついてくれた。

子ども部屋で、アニメの話をしたり、アルバムを見せてくれながら、いろいろな話をしてくれる。アルバムに父親の写真がなかったので、父親の話に入った。二人ともそれまでの楽しそうな顔を一変させ、嫌そうな顔になる（以前も、別の家裁の調査官が子ども達と会っていたので、何度も悪いなと謝る）。その後、父親に対する悪いイメージが語られる。子ども達には、どこまでが体験したことなのか、母親らから聞いたことなのか区別がつかないようだった。

私が「今度一緒にプールに行こうか」と提案すると、すぐに頷く。さらに、私が「お父さんも一緒でいいだろうか」と言うと、嫌な顔を見せたが、最終的には「お母さんが良いと言えばいい」と、承諾してくれた。

プールでの面会交流

□八月中旬　父親と弁護士に面接

父親には、面会交流の経過を話し、調査官立ち会いの下で面会交流することの意向を訊ねた。父親は、子どもと会えないのは母親らが子どもに父親の悪いイメージを植え付けているからだと強調。何もしてくれないと家裁に対しても批判的であった。プールで子ども達と面会交流することについては了承。父親は、水泳については、いささか自信があると言うので、私としては安心する。

□八月下旬　父親と子ども達との面会交流。Ａ市のプールで

プールでは、四人で鬼ごっこをしたり、水かけ遊び、肩車などをして遊んだ。私はできるだけ、父親と子ども達が接触できるように配慮した。遊んでいる時は、「パパ」などと言って甘えることもあった。しかし時々子ども達は、父親を足蹴りしたり、水泳補助板で叩いたりしていた。

面会交流後、薄暗くなった市内を父親と一緒に駅まで同道した。父親はあまり話さなかったが、次男が以前と比べ父親に対して悪感情をもつようになっていると、淋しそうに言う。このままでは、益々親子関係が悪化するので、今後も会い続けるしかないと力なく言う。

和解まで

□九月　父親と弁護士に面接

父親は面会交流の内容がショックだったようで、「子どもを歪めたのは、母親やその親族である。この間、有効な措置をとらなかった家裁側にも責任がある」と言う。

そこで私は、今まで父親が納得するような有効な措置をとれなかったことについては、申し訳なかったと伝え、プールでの子どもとの面会交流を踏まえ、今後、子どものためにどんなことだったらできそうか考えて欲しいと提案した。父親は私の提案を受けて、弁護士と相談しながら、今後のことについて二つの案を提案した。

ア、子どもとの関係を修復するためには、今後も会い続ける。このままでは、父親が悪者になってしまう。

イ、今後、母親らが子どもに対して、父親のイメージを修復する努力をするならば、子ども達が会うと言い出すまで、面会交流をしなくてよい。

調査官から二つの案を母親らに仲介し、父親が、子ども達をどのように養育していこうとしているのかを母親に会って確かめたいという気持ちがあることを伝えた。

□十月初旬　母親と母方祖父母に面接（母親宅に出張）

母親らに父親の提案を伝えたところ、父親の変化に驚く。母親らは、イの案を選択。母親らも、子ども達が父親に対して悪いイメージを持っていることは、教育上良いとは思っていないと言うので、その点を確認し、今後の日常生活で具体的な対応の仕方について、助言した。

□十一月初旬　父親と弁護士、母親と母方祖父が出席し和解成立

和解の概要は、「子どもから要望がない限り、父親から面会交流を求めない。両親とも、子どもの心身の健全な発達に努力し、特に母親は、子どもの父親像の改善に努力する」であった。

〈まとめ〉

このケースのポイントは、調査官立ち会いの下、プールで父子の面会交流をしたことにあります。これについては、上司から子ども達がプールで心臓麻痺など起こしたらどうするのかと指摘されました。確かに可能性としてはないとは言えません。しかし、子ども達がこのプールで毎日泳いでいること、ホームグラウンドなのでのびのびと振る舞えること、関係者が心身とも裸になって交流できること、水泳による面会交流で膠着していた現状が何か動き始めると思えることを、上司と裁判官に根気強く説明し、了解を得ることができました。

このケースを最初から裁判所の枠で考えていくと、どのような解決案があるのでしょうか。限られた現場であるからこそ、小さな工夫はいろいろ考えられるのではないでしょうか。

初心

桜子のケースに思いを馳せる ── 見えないものを観る、聞こえないものを聴く

心理臨床家であれば、仕事をし始めたころに、棘が刺さったように今でも思い出すケースがあるのではないでしょうか。私にとっては、それが桜子のケースです。

桜子（十五歳・無職）は、窃盗（万引き）と虞犯《ぐはん》の事件で警察に検挙され、鑑別所に入所していました。「虞犯」とは、まだ犯罪には至ってないが、「その性格又は環境に照らして、将来、罪を犯し、又は刑罰法令に触れる行為をする虞《おそ》れのある」少年の行いのことです。

一年目の家裁調査官補であった私にとっては、少年が少年鑑別所に入所している初めての事件でした。鑑別所で初めて面接したとき、桜子は私を含め他者に対して拒絶的で、少ないことばを小声で話す、というより独り言を言っているような感じでした。知的能力は普通でしたが、学習不足で能力は開発さ

れていませんでした。

家庭は、母親（三十六歳・スナック従業員）と継父（四十歳・無職）との三人家族でした。桜子の両親は桜子が四、五歳のころ離婚し、その後、母親がスナックで働きながら養育していました。母親は、男性関係が多いほうで、男性と別れるたびに、桜子が母親の不満のはけ口になっていました。

中学二年生頃、突然、継父がやってきて三人家族になりましたが、桜子は暴力的な継父に馴染めず、継父の指示を無視するかたちで反抗的な態度を取っていました。継父は、そのような桜子の態度が許せず、ベランダに下着姿の桜子を括り付け、青竹で叩いたりしていました。母親は、継父の暴力を薄々知っていましたが、継父に馴染まず反抗的な態度をとっている桜子を腹立たしく思っており、見ぬ振りをしていました。

桜子の非行は、小学校のころより始まった菓子の万引きや中学校のころの洋服等の万引きでした。継父が来てからは家に居場所がなくなり、家出をして、繁華街で不純異性交遊をしていました。このまま放置しておくと、新たな事件を起こしたりする虞れがあると警察に検挙されたものです。

少年鑑別所で面接を重ねていくと、次第にそのような事情をポツリポツリ聴かせてくれるようになりました。

審判は、①非行性がそれほど進んでいないこと、②家庭に居場所がないこと、③母子関係に問題が生じており、物理的に距離をおいて調整する必要があること、④小さい子どもが好きで面倒見がよいことや、料理を作るのが好きなことなどから、県内の自宅から遠く離れた児童養護施設にしばらくの間、試験観察（補導委託）をするという決定になりました。母親の意見は、長期間少年院に入所させて、躾をしてもらいたいということでした。

私は、委託された二カ月間、月に二度ほど施設に面会に行っていましたが、試験観察の経過が順調だったので、継父と別れた実母にも、桜子の落ち着いてきた姿を見せたいと思い、施設への訪問を強く勧めました。母親は、委託三カ月目に施設に面会に行ってくれました。私としては、少年院送致を希望していた母親に、まず桜子の更生しつつある姿を認めさせたかったのです。

この時、私は、母親が苦労しながら子どもを育ててきた心情を思いやるというより、母親が養育態度を改善すればすべてうまくいくというような傲慢な態度だったように思います。

面会結果は予想外でした。施設の責任者から、桜子が養護施設の他の子のお菓子をくすねていたことを聞かされた母親が桜子を強く叱り、何も反省していないと怒って帰ったということを知りました。私は、お菓子の件は聞かされておらず、母親が訪問する際の留意点についても施設側との打ち合わせが不十分だったことを後悔しました。

母親の面会からまもなく、私は養護施設を訪問しました。落ち込んでいた桜子からお菓子の件を聴き、もう一度ここでやり直そうと励ますようなことを話しました。いま振り返ると、この面接時に、私は桜子の表情を十分観ておらず、他の子のお菓子をくすねた気持ちや、居室や施設での人間関係のストレスを十分に聴いていませんでした。更には、母親が桜子の落ち着いた生活を期待して訪問したことを、桜子に十分伝えることができていませんでした。

その日の夜、桜子は雨の降る中を、一人荷物を持たずに施設から抜け出し、数カ月後ソープランドで働いているところを保護されました。

当時、私のような経験の浅い家裁調査官が桜子を担当したことに対して申し訳ないという気持ちが強く、もう少しベテランの調査官であったら、と忸怩《じくじ》たる思いが今でも残っています。今の私だったら、もう少し中身のある援助ができたと思います。

少年院からの手紙 ── 迷い道

平成のある年の元旦に、一枚の賀状が裁判所の私あてに届きました。そこには、「ぼくは何のために生まれてきたのか、今も考えています。ただ言えることは、人をかなしませ、母をなかせ自分をくるしめるために生まれてきたのではありません」と平仮名が多い文章で書かれていました。賀状は、三度目の少年院に入所中の政男からのものでした。私の十年日記の一月二日には、「政男からうれしい賀状、話したこと覚えてくれていたんだ。やっと迷い道に来た」と書いています。

政男は、幼いころ父親を亡くし、母親と二人暮らしでした。母親は、苦労という二文字では言えないような生活苦の中で精一杯政男を育ててきましたが、母親の思いを知ってか知らずか、十五歳頃から万引き、シンナー、暴力行為など、凶悪犯罪以外のあらゆる非行を起こしてきました。

三十代後半の家裁調査官の私と出会った時は、すでに二度の少年院入所歴があり、二十人くらいの不良グループのリーダーで統率力がありました。地域では、何か問題が起こるたびに政男のせいにされ、政男と母親は浮いた存在になっており、十八歳ですでに人生を投げ、この世の中に居場所が見つけられず、突っ張りの中に寂しさを漂わせていました。

少年鑑別所で最終面接をした時、政男に「あなたの名前はいいな。お父さん、お母さんがいろいろ考えて付けたんだね。私は政男の名前は好きだよ。この世にあなたの名前を好きだという人間が少なくとも一人はいることを覚えておいてくれよ。リーダーの素質があるのに、もったいないね。政男は何をするために生まれてきたのかなあ……。悪いことをするために生まれて来る人は誰もいないよね……」と私は独り言のように言いました。その時、どう答えていいのかわからなかったのか、政男から返事は何もありませんでしたが、表情が少し動き、私のメッセージが政男の身体の中にわずかに入ったような感じがありました。結局、政男は審判で、三度目の少年院送致になったのです。

少年院在院中に二度、そして退院後に退院したとのはがきが一度届きました。そこには、ガソリンスタンドで働き始めたこと、母親との和解はまだできていないこと、「なんで私は生まれてきたのか」まだ答えが出ていないが、今も考えているということが強い筆圧で書かれていました。以後、連絡がないのでその後のことはわかりません。

ことばというのは不思議です。政男は、それまでに何度も関係機関の人から叱責されたり指導されたりしていました。私は政男に何を言っていいのかわからなかったのですが、最後に、ふと独り言のように「悪いことをするために生まれて来る人は誰もいないよね……」と言ったことが、政男にはインパクトがあったようです。

意図的なことばというものの限界を感じ、受け手とのタイミングや置かれた状況から自然に湧き出ることばに関心を持ち始めました。

自立更生促進センターの入所者

私は、家裁調査官を退職後に月一、二回、公立の自立更生促進センターで仮釈放中の人に臨床心理士の立場からカウンセリングをし、更生処遇プログラムについて助言をさせてもらっています。センターは、仮釈放中の三カ月間、入所者に食事と宿泊場所を提供し、その間に、彼らが就職先を見つけて自立することを目的とした中間施設です。入所当初、ほぼ全員に個別面接をして、入所者と一緒に生育史や家族関係を振り返りながら、課題の発見やこれからの小さな目標を話し合っています。

入所者の多くは非行歴があり、家庭裁判所の調査、審判を受けています。しかし、多くの人は家庭裁判所でどんなことを経験し、どのようなことが印象に残っているのか覚えていません。それでも、三十人の内一人くらいは、家庭裁判所での出来事を覚えている人がいます。

三十歳の田中さんは、十五年くらい前に、傷害と窃盗事件を起こし家裁で調査面接を受けていました。面接中に、ある担当家裁調査官から「田中君は人を引っ張っていく能力があるので、非行ではなくて違った場面でその能力を発揮して、周囲の人に喜ばれ、頼りにされたらいいね」と言われたことを覚えていました。

それを聴いてその日はうれしい気分になりました。少年の琴線に触れるには、特に最近は、深く掘り起こさないとそこまでたどり着けません。それもすぐに伝わるのではなく、何年も経ってから何かが契機になって思い起こされることがあるのです。カウンセラーの言動が、いかにクライエントの思い出の片隅に生きているのか思い知らされました。

初心とはなんだろう

多くの人が、「初心忘るべからず」という言葉を聞いたことがあるのではないでしょうか。これは世阿弥が『花鏡《かきょう》』の中で述べた言葉です。この言葉は、「新人のころの、あるいは初めてものごとに携わった時の戸惑いや緊張、意気込みを忘れずにものごとに当たらなければならない」という意味ではありません。『花鏡』には次のように書かれています。

しかれば当流に万能一徳の一句あり。初心忘るべからず。この句、三ヶ条の口伝あり。
是非とも初心忘るべからず
時々の初心忘るべからず
老後の初心忘るべからず
この三、よくよく口伝すべし

一ケ条は修行を始めたころの初心の芸、二ケ条は修行の段階に応じて、それぞれの時期の初心の芸、三ケ条は老後に及んでも、老境に入った時の初心の芸を、それぞれ忘るべからずと書かれています。まず、修行を始めたころの初心の芸を忘れるなということは、若いころの未熟な自分を忘れずに常に自覚していれば、将来のための利点になるということでしょう。さらに、初心の芸を忘れないと工夫するのは、現在の自分の芸境を自覚するものと言われています。

二ケ条は、修行の段階ごとに、それぞれの「初心」があると述べています。三ケ条では、年月を経て芸を極めた達人であっても、これで良しとは言えない。老後の姿に似合う芸を習おうとすれば、それは老境の初心の芸なのでしょう。

私は家裁調査官としてベテランの部類に入ってきたころ、少年と面接するときには、家裁調査官として身につけた経験をすべて凝縮して表現するようなイメージを描いて向き合っていました。これも、少しばかりの老境の初心と言えるのではないでしょうか。

八十歳の芸の達人であっても、その段階に足を踏み入れた時点では初めての経験であり、初心なのでしょう。

ケースとの縁 ―― 袖振り合うも多生の縁

事件（出来事）は人を選ぶ

向田邦子の小説や随筆はずいぶん読みました。日常生活の些事をさらっと取り上げ、「これはウチのことだ」と思わせる魅力に満ちています。例えば、湯飲みの置き方ひとつで伝わってくる感情や人間関係を淡々と、でも深く、それぞれの生き方、暮らしぶりを尊重しながら描いています。

向田の随筆集『父の詫び状』の一章に「お軽勘平」という短編があります。その中で、文芸評論家の小林秀雄が「人間はその個性に合った事件に出逢うものだ」という意味のことを言われたと書いていります。それについて、向田は「私は出逢った事件が、個性というかその人間をつくり上げてゆくものだと思っていたが、そうではないのである。事件の方が、人間を選ぶのである」と書いています。この考え方が面白く、気になって、小林秀雄の著作などで調べましたが、出典はわからず仕舞いでした。

家裁調査官の担当する事件は、上司の家裁調査官が調査官の能力や意欲を見極めながら担当を決めています。私の三十代後半は家事係で、夫婦関係調整事件（主に離婚ケース）を担当していました。一時期、何故か夫婦の紛争の背景にインポテンツなど性関係に問題があるケースばかりを担当するようになったことがありました。私にとっては夫婦の離婚問題について、性関係がどのように関係しているのか考える時期だったように思います。

同じ時期、A県の「いのちの電話」の電話相談員（ボランティア）をしていました。月二回、金曜日の夜の時間帯を一年間くらい担当していました。その間、男性同性愛者（ホモセクシュアル）の固定相談者が三、四人いました。もちろん、相談を受ける側の姓名、職業などは明かさず、電話主の個人情報も積極的に訊くことはありません。同性愛者であることも、電話の主が問わず語りに話したものです。

私が担当する曜日と時間は決まっているので、次第に固定されていったものと思われます。相談電話は当時二台セットされていたので、一度、その固定客に「よくご一緒になりますね」と言ったことがありました。その電話主は、違う相談員であれば一旦電話を切り、私の電話が空くのを待つということでした。その理由は、私の「声の調子とか、間が自分には合うので話しやすい」ということでした。

私には、よく理解できない部分がありましたが、ケースの担当と重ね合わせ、「事件は人を選ぶ」ということが、なんだか真実みを帯びてきました。私は、「何事も縁があって、その時々の課題を抱えた私と出会うのだから、その縁を大事にしたい」と思うようになりました。そう思うことで、クライエントと自分の目線が同位置になるイメージが持てるように思われたのです。

セラピストがクライエントになったとき、誰を選ぶのか、選ばれるのか

夏樹静子の選択

家裁調査官は、分配されて初めてそのケースと縁ができます。よほどのことがない限り、ケースの担当者を交代することはありません（ケースの内容や人間関係などで、担当を複数にすることはある）。心療クリニックなどの場合はクライエントのほうが選び、その臨床心理士と合わないと思えば転院することもできます。しかし、家庭裁判所が取り扱う少年事件では、クライエントにあたるのは非行を犯した少年なので、少年や保護者から「合わないので他の所に行きます」とは言えません。警察署や児童相談所などで仕事をしている臨床心理士も同じで、各組織が持っている面接構造の中で、制約を受けながらもその構造に守られて仕事をしています

時々私は、自分がこの少年や保護者だったら、あるいは身内の者だったら、私を担当者として選ぶだろうかと自問自答しています。あるいは、少年の保護者だったら同僚の家裁調査官の誰を担当者として選ぶだろうかと連想します。そうすることによって、その縁に深みができ、技術の腕が上がるように思うのです。

そんなことを考えているときに出会った本があります。推理小説家の夏樹静子のノンフィクション、『椅子がこわい――私の腰痛放浪記』（文藝春秋、一九九七年）です。この本は話題を呼んだのでご存じ

の方も多いと思います。

夏樹静子は、一九九三（平成五）年から約三年間、原因不明の激しい腰痛と、それに伴う奇怪とさえ感じられるほどの異様な症状や障害に悩まされました。あらゆる検査でも原因は見いだせず、「長年の座業からくる筋肉の衰え」と診断され、整形外科医の勧めで水泳にも励みましたが、少しの改善もなく半年が経ち、治療を求めた放浪の旅が始まりました。

鍼灸、気功、整体、指圧、低周波療法と試し、神経内科や精神科では「疾病逃避」と指摘されましたが、これほどの痛みがこころのせいで起きるはずがないと信じられませんでした。発症後二年半余りした頃にはほとんど仕事ができず、この得体の知れない病気のせいで死ぬか、自殺するかまで追いつめられた状態になり、睡眠導入剤をクッキーの缶に貯め、致死量になるのを待つほどになったそうです。

そうしたストレス下にあった一九九五年夏ごろ、知人を通じて心療内科の平木英人医師に出会います。診断は、「心因性疼痛障害」で、「仕事への執着があなたの重しになっている。一主婦として生きなさい。夏樹静子の葬式を出そう」と言われました。夏樹は心身症と言う平木医師にまだ疑問を持っていましたが、最終的には心因を受け入れ、自律訓練法や絶食療法などの治療を受け、入院二カ月後に回復したことが書かれています。

私が関心を持ったのは、病症そのものよりも、平木医師と同じような趣旨の助言をした医師がいたにもかかわらず、何故、夏樹が平木医師の診断を受け入れたかというところです。もちろん、「啐啄《さいたく》」ということもあったと思いますが、夏樹はそのことを、「（先生から指示された自律訓練法を）五カ月間毎日三回休まず励行し、……おそらく私の心底に生まれていた平木先生へのある敬意のゆえであったかもしれない。……どうしてやることもできない死に近い友へ彼（平木先生）が示した優しさが、私の中に彼への不動の敬意を作り出していた」と書いています。

山田洋次監督の講演から

二〇〇六年十二月に、日本心療内科学会が大阪市で開催され、映画監督の山田洋次の特別講演がありました。

山田監督の話は、寅さんを演じた渥美清さんとの思い出話であり、そこから「何かを汲み取っていただけたら」と話し始められました。口べたでしたが、間合いがあって、重厚で暖かみのある語り口でした。

渥美さんは遊ぶということをしない人で、時間があると芝居か映画を観ていたそうです。実際は無口な人で、聴くことが上手な人。『男はつらいよ』の三十八作目頃から肝臓が悪かったが、他人には知らせなかったそうです。夢を売る仕事だからと。

最後となる四十八作目は、奄美大島で撮影がありました。そのとき山田監督は体調を壊して寝込み、一時撮影が中断したそうです。監督が休んでいる部屋にすでに体調が悪かった渥美さんが来て、「山田さんは大事な人なんだから、身体に気をつけないといけませんよ」と言って引き上げた。そのときのことを監督は、暖かいオーラにつつまれたように感じたといいます。

監督は、自分が死ぬときには、渥美さんにそばにいてもらいたいと思ったそうです。「お医者さんもそういうのじゃないでしょうか」と余韻を持たせて話は終わりました。病人だった山田監督から見た、渥美さんの言葉というよりは、その存在から醸し出されるものを語っていたことが印象に残っています。

クライエントは、危機場面では言葉による情報よりもノンバーバルな情報を感じて行動します。同じ言葉でも、そこにどのようなメッセージを乗せているのか、セラピストがどのような生き方をしているのかが雰囲気からわかるのではないでしょうか。

以前、神田橋先生から学会発表を聴く姿勢について、「壇上で発表している演者に、自分や自分の大事な人の治療を託せるか否か」という視点も持ちながら聴くと、治療の腕が上がると言われたことがあります。同じことなのでしょう。

描画療法 ― ことばの添え木として

ことばの添え木としての描画

「描く」ということ

家庭裁判所で子ども達と面接しているときに、言いたいことがありながら、なかなかことばにならないもどかしさがうかがえることがあります。また、言っても仕方ないと諦めてしまっている様子も見られます。自分の感情に向き合い、ことばで表現する能力が乏しくなってきて、体験したことが自らの経験として身に付いていないのかもしれません。しかし、それでは面接者の私とも共有する体験が少なく、イメージを共有することが少なくなり、彼らのこころに触れるのが次第に難しくなってしまいます。

そこで私は、ことばの添え木になればと思い、家庭裁判所で二十数年前から描画を活用し始めました。ここでは、動的家族画と色彩分割法を用いた四つのケースを紹介しながら、描画法を少し整理してみます。

人間が、線や絵を描くということはどういうことなのでしょうか。まず思い浮かぶのは、旧石器時代に描かれたスペインのアルタミラ洞窟の壁画です。当初、この壁画は、狩りの成功を願うものと考えられていました。村瀬嘉代子（二〇〇五）は、この点について、「描く場所、空間、時間を共有することに意味があった」と述べています。

この意味があるからこそ、描画は治療的になる可能性をもっています。子どもや保護観察中の大人も、一本の線から描き始め、作品を創る。描きながら寡黙な人が、故郷の話や亡き両親の話をポツリポツリする。クライエントが絵を添え木にしてことばを紡ぎだし、そのメッセージの受け手としてのセラピストが、同じ時間を共有して「共にある」ということが大事なのでしょう。

心理臨床における描画法

セラピストが働いている現場や治療論によって、心理臨床における描画法の位置づけや活用方法は異なってきます。大別すると、「診断・査定」と「ことばの添え木」としての考え方があります。描画の特徴は、コミュニケーションの触媒としての意味が大きく、面接に膨らみが出てきて、治療に寄与することが多くなると考えます。

私は、家庭裁判所では、描画を「ことばの添え木」として位置づけて活用してきました。

一枚の描画から

「母のエプロン」――動的家族画を活用[*6]〈Ａケース〉

①少年、事件内容

秋子（十七歳・無職〔元喫茶店店員〕）。家出中に暴力団員と付き合い、覚醒剤を所持し使用したもの。

②家　庭

母親（三十五歳）との二人暮らし。母親はクラブホステスとして働いていたが、持病の心臓が悪く休みがちで病院に行くことが多い。収入が不安定で、現在、交際している男性（五十四歳・会社経営）の経済援助で生活が成り立っている。母親は、三度の離婚、数回の同棲を繰り返し、男性との別れ話が起きるたびに、秋子に包丁を突きつけ死のうと迫っていた。秋子は、アパートに男の人が宿泊するのが嫌で母親に不満を言うと、「ママも女だから」との返事だった。事件後、母親は全て自分の責任であると考え始めている。

③生育歴等

母親は十六歳の時に秋子の父親（十九歳）と知り合い、妊娠。十七歳の時に結婚し、秋子を出産したが、母親にはまだ遊びたい気持ちがあり、望まない出産だった。秋子が中学一年生の時、母親は三度目の結婚をするが、秋子は再婚相手に馴染まなかった。夫婦仲も悪化し、母親は馴染まない秋子を憎むようになった。母親は、再婚相手の負債問題などから、リストカット、アルコール依存など精神不安定になる。

秋子は中学二年生頃から自分も勝手にしようと思い、怠学、夜遊び、万引きなどの行動を起こし始めた。中学卒業後は住み込みで喫茶店の店員として働き始めたが、数カ月で辞めて母親のもとに帰ってきた。以後は無職で、夜遊び、家出、シンナー吸引など問題行動がエスカレートしていった。女友達を通じて暴力団員との付き合いが始まり、まもなく覚醒剤を打つようになった。母親は秋子の言動に不審を抱き、警察に相談したところ、秋子は覚醒剤使用で逮捕された。

④家庭裁判所での経過

秋子は少年鑑別所に入所した。私は秋子には鑑別所で三回、母親には家庭裁判所で二回面接した。秋子は、警察に連れて行った母親を自分が邪魔になったからだと思い込む一方、母親からの手紙で

＊6　動的家族画＝クライエントが家族の絵を描くことにより、家庭や家族員の相互関係（例えば、家庭内の葛藤、不安、攻撃、愛情など）をどのように認知し、あるいは、イメージしているかが表現される。特に、「家族が何かしているところ」を描いてもらうと、家族の力動、家族員の関係性などが表現されやすいと言われている。

まだ愛されていると感じるなど、母親から翻弄されてきた一見、大人びた寂しがり屋の少女であった。

秋子との二回目の面接時に家族画（図５）を実施した。実施したのは、母親のことを聴いている時に、言いたいことがありそうだが、ことばになりにくそうな様子が見られたからである。秋子は、「下手だけど」と言いながらも、約十分かけて丁寧に描いてくれた。描画後のインタビューの概略は次のとおりである。

「お母さんの後ろ姿がすぐ浮かんだが、何をしているのかわからないから炊事をしている場面を描いた。自分にとって家族はお母さんだけなので、お母さんだけを描いた。自分を描くとすると、ソファーに座って、お母さんの後ろ姿を見ながらご飯を食べている場面にする」。ここで、ソファーとテーブルを追加して描くが、秋子自身は、薄く描くだけだった。

描画の感想を訊くと、「平凡な絵だけど何だか不思議な感じがする。自分は、お母さんが家にいて台所で働いているところが好き」と言う。その後、食事の話に発展していった。母親は交際している男性が来る時だけ食事をきちんと作り、秋子といる時はラーメンなど粗末な食べ物になるので嫌と言う。

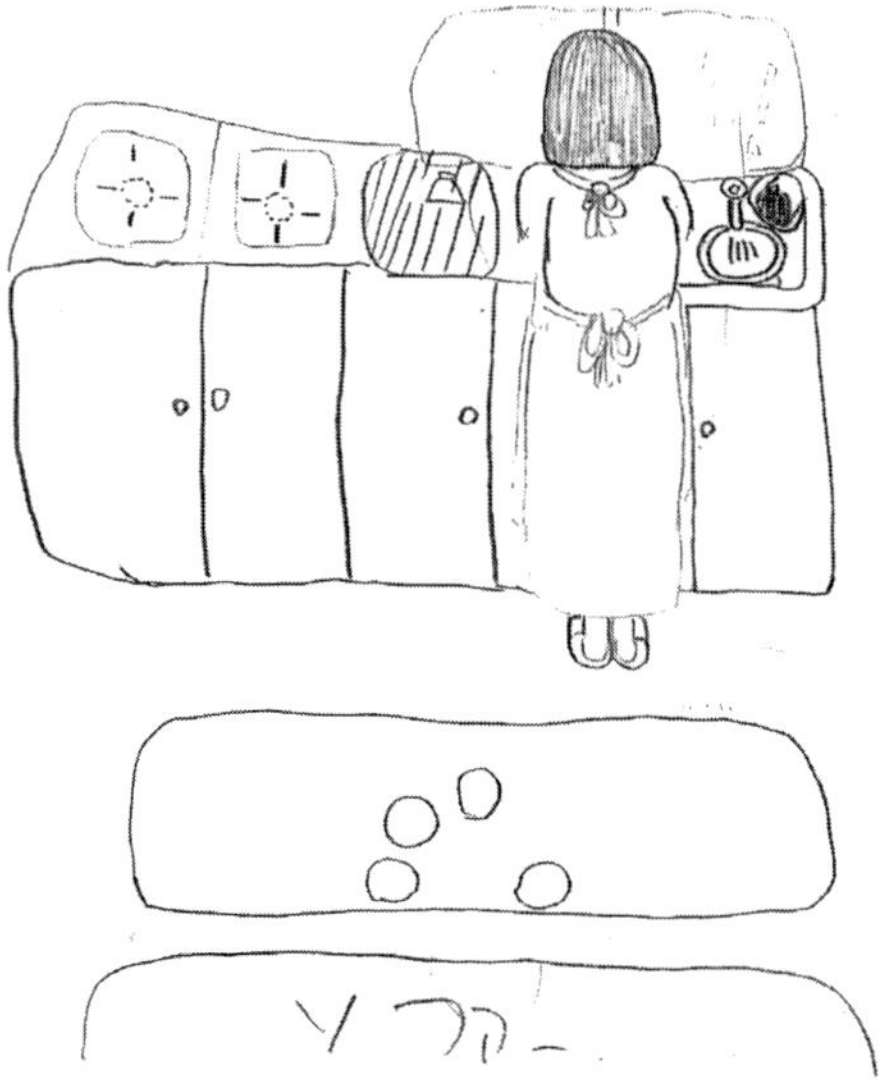

図５　秋子が描いた家族画

母親に絵を見せることについては、ためらいなく了承した。

母親の一回目の面接時に、秋子の説明を伝えずに「家族を描いたものです」と言って絵を見せて感想を聴いた。母親は、絵を見てまもなく「全てを物語っている」とひどく泣き始めた。泣きながら最初に言ったことは、自分がエプロンを着けて台所にいるということであった。エプロンは、最近数年間着けていなかった。「台所にいる母親を求めているんですね」と言う。私は、母親の「読み」を支持し、秋子の説明を伝えた。母親には、「まず、秋子に謝ることから始められたらいいね」と話した。

審判で、秋子はしばらく、県外にいる母方の叔父夫婦に引き取られることになり、保護観察決定で終了した。

〈まとめ〉

母親は、秋子の覚醒剤事件等の背景について、自分自身の問題があると思っていたから、この家族画の説明をしなくても、思い当たることが多かったのだろう。描画者以外の家族員にとって、描画表現によるメッセージは、言語表現以上のインパクトを持って届く効果が見られる。

一方、秋子にとっては、半ば意識化している母親への葛藤を対象化できて、家族画をメッセージとして課題を明確化できたのではないだろうか。この事件を契機に、母子関係の再構築がなされた。

シンナー吸引、母子分離ができない育男 ― 動的家族画を活用〈Bケース〉

①少年、事件内容

育男（十八歳・無職）。毒物及び劇物取締法違反。中学二年生頃からシンナー吸引を始め、検挙されるまで百回くらいの吸引歴がある。

②家　庭

実母（四十歳・食堂経営）、母方祖母（七十歳・無職）、母方伯母（四十六歳・民芸品店経営）、弟（八歳・小学三年生）との五人家族。父親は育男が小学六年生の時に病死。

母親は育男のシンナー吸引が長年止まないので、二年前、育男を騙して精神病院に三カ月ほど入院させたが、その結果が裏目に出て、今ではどのように対応していいか混乱している。心労が重なって、三カ月間入院していたばかりである。

育男は父親の病死以来、母親や弟がいつか死ぬのじゃないかという不安を持ち続けている。それに加え、長男としての育男に対する周囲の期待が重荷となっている。家族思いのところはあるが、行動面ではシンナーを吸引して、家族に暴言を吐いたりする。

一家の唯一の救いは、社交家の次男がサッカーに打ち込んでいることである。

③生活史

難産の末、第一子長男として出生。小学五年生まで寂しがりやだが、ユーモアのある明るい子どもだった。小学六年生の時に、父親が心不全で急死。育男は、父親の急死の第一発見者で、非常にショックを受け、以後死の不安に脅えながら過ごす。中学一年の時に、可愛がってくれた母方祖父も死亡してしまい、ますます死への恐れが募っていく。

中学二年の時から、友人の誘いでシンナーを吸い始めたが、高校入学後は友人がかわり、しばらく止める。しかし、勉強についていけなくなり、一年の夏ごろ退学。その後、母親は育男をA市に住み込みで働かせたが、育男は母親の死を恐れ七カ月で退職し、自宅に帰ってきた。以後、定職に就かず、不良交友を通じてシンナー吸引が再び始まった。母親は、シンナー吸引を止めさせるため精神病院に入院させるが、少年に被害意識をもたせてしまい裏目に出てしまう。シンナー吸引も激化し、逮捕されて家庭裁判所に事件が送致されてきた。

④調査の経過

面接時、育男は緊張し過ぎているためか、頭を下に向けたまま言葉が出て来ないようだった。二回目の面接時、家族画（ＫＦＤ：Kinetic Family Drawing）を導入。家族画を描いているときは表情が豊かで、少しリラックスしている様子だった。三回の面接の中で、図６、７の家族画を描いた。

図６　「食事をした後のひととき」

図７　「僕の家の夜ごはん」

図6は、描いた順番に、左側にいる弟、右から二番目の祖母、祖母と向かい合っている母親、右側の伯母である。育男は図6について、「弟が一人でファミコンで遊び、祖母と母親が食堂の話をし、伯母が一人で食器を洗っている」と説明。育男が描かれていない。そのことを聴くと、「部屋でレコードを聴いている。自分は家族が何かをするときに参加しないことが多い」と答えた。図6についての感想を訊くと、「本当はもっと明るい家庭なのに、家族の和がなさそう」と言う。題は、「食事をした後のひととき」。

図7の描いた順番は、「左側で魚を切っている母親、野菜を運んでいる伯母、食卓で野球の話をしている祖母と弟、最後に右側でそれを聞いている自分」。育男の席が、テレビに近く一番いい席だと言う。題は「僕の家の夜ごはん」。

図6、7から、家族成員の不調和が感じられ、伯母との疎遠さ、育男自身の居場所のなさ、刃物などから育男の母親への攻撃性も感じられた。育男は絵によってことばが支えられ、自己表現が少し出来てきたように思われた。

⑤試験観察の経過

審判の結果は、在宅試験観察決定になった。私は、次の目標を掲げて試験観察をしてみようと考えた。

ア、対象（父親）喪失による「喪の仕事」

イ、長男としての負担の軽減

ウ、達成可能な小目標を持たせ、成功体験を味わって現実と空想の落差を縮める

エ、母子分離を徐々に図る

試験観察の方法は、私が父親的役割をとりながら、主に家族画をコミュニケーションの媒体として活用して面接をすることにした（育男自身も、絵でなら少し話せそうということだった）。試験観察期間は六カ月に亘った。その間、育男には十三回面接し、母親には十五回面接している。

□一、二回までの面接

育男は、「仕事を探しているがなかなか見つからない。住み込みは、皆から見放される感じがしてつらい。精神病院に収容されたことがまだ恨みとして残っているが、最近少し抑えられるようになった」と言う。二回目の面接時、家族の力動関係を把握するため合同動的家族画[*7]（ＣＫＦＤ：Conjoint Kinetic Family Drawing）を導入（図8）。

＊7　合同動的家族画＝家族全員に、家族が何かしているところを自由に話し合いながら描いてもらう。描画に家族成員の感情が投影されるだけでなく、誰が絵をまとめ上げていくかなど、成員同士の相互作用が行動として現れ、家族全体に治療的に関与出来ると言われている。

育男が赤鉛筆を選び、左から順番に、弟、育男、祖母、母親、伯母と描く。母親は育男の描く様子を見守りながらピンクの色鉛筆で、育男の邪魔をしないようにカーテンと熱帯魚の子どもを描いた。育男の説明では「自分が熱帯魚にエサをやっていて、他の家族に『見にこんね』と言っている」と。絵の題を「かわいい熱帯魚」と付け、母親は「熱帯魚を囲む家族」とした。

私が、描画中の育男の気持ちを推し量るように見守っていた母親の姿勢を支持すると、母親は以前と比べ、少し落ち着いて育男を見ていられるように変わったと述べる。試験観察になってから、シンナーは止めている。図8は、区分化があるものの、以前の絵からすると少しずつ家族のまとまりと楽しさが伝わってくるように思われた。

図８　「かわいい熱帯魚」

□三〜八回までの面接

育男はアルバイトを始め、自動車学校入学の目標をもち始めた。この間、父親の死を対象化して「喪の仕事」が少しできるように父親の話を二回ほどした。育男は死の不安について、「以前は、常に母親や弟のそばにいないと、母親や弟が急死してしまう不安に脅えていたが、最近では不安が薄らぎ気分的に楽になった。母親の外出にもあまりこだわらなくなった」と言う。

七回目の面接前（試験観察開始から三カ月後）に、精神病院時代の友達から誘われ、シンナーを二回ほど吸引、以前のように母親、祖母に暴言を吐いたことが判明した。この時点は、試験観察の一つの山場に思えたので、育男と、今までの試験観察を振り返り、自己の置かれている立場を自覚させ、シンナー吸引を止められていた自己に焦点を当てた。

三～四回までの間に、図9「金魚の水槽をきれいにしている僕と弟」、実際の場面ではなく空想して、図10「日曜日の大掃除」、図11「楽しい僕たちの海水浴」を描いた。

私には、これらの絵は家族画としてあまりにもまとまりすぎているように思えた。育男に「どんな気持ちで、家庭裁判所にやって来ているのかなあ?」と訊くと、「今日はできるだけ大きい声で

図9 「金魚の水槽をきれいにしている僕と弟」

図10 「日曜日の大掃除」

図11 「楽しい僕たちの海水浴」

話そう」、「今日は何の絵を描こうか」と思いながら来るということだった。このことから、育男なりに目標を持って来ていることがわかったが、私の前で建前（理想の家族）を出しているのではないかと思われ、育男の背伸びせざるを得ないきつさが伝わってきた。

この三枚の絵は、面接関係の投影図のように思え、このきつさがシンナーの再吸引にも結び付いたのかもしれないと思われた。双方にとって、家族画が少しマンネリ化し新鮮な驚きが伴わなくなったことから、七回以後、家族画の実施をしばらく休むことにした。

□九～十三回までの面接

十回目と十三回目が面接の節目だと思われたので、家族画を導入。面接十回目の家族画（図12）の登場人物は、左側から、弟、祖母、育男、伯母、母親である。皆で鈴虫にえさをやっているところで、実際にこんな場面があったという。題は「きれいな声をだす僕の家のスズムシ」。私は、箱の中の左側に虫が乗っているのが気になった。育男の説明では、木片を描いたと言う。

図 12 「きれいな声をだす僕の家のスズムシ」

私は、ここではじめて図8、9の水槽と虫を飼っている箱が棺のように感じ、図12の木片が横たわった何かの死体のように思えた。育男は絵の中で「喪の仕事」をしていたように受け取れた。この描画の半月後、育男は、自分と弟の写真を父親に持っていく夢を見たと言う（今から考えると、夢の中の父親は、調査官〈私〉のようにも思える)。

このころの育男は、せっかく見つけた仕事を怠け、友達と夜遅くまで遊んでいた。家庭は、母親の心労や弟の情緒不安定もあって、全員がダウン寸前になっていた。そこで私は、試験観察の仕切り直しをして、育男に家の状態を説明し、近所の勤務先(土建業)に住み込みで働くように指導した。

これ以後、育男は周囲の人に励まされながらまじめに働きだした。家庭でも、自分の給料で家族に贈り物を買うなどして、母親から以前の育男に戻ったようだと喜ばれた。そして、母親に「シンナーを止める時はつらかった」としみじみ語るようになった。実際、シンナーは十回目の面接のころから止めていた。働き始めて二十日くらい経って描いたのが、面接十三回目の家族画(図13)である。

図 13 「仕事の時は、一生懸命しよう」

登場人物は、「真ん中が育男で、右が口うるさい先輩、左が現場で一番偉い人」とのこと。題は「仕事の時は、一生懸命しよう」。絵の説明は、「先輩が板をもって来いと言ったのに、間違ってパイプをもって行ってしまい、怒られているところ」、「絵の中の育男は、そんなに怒らなくてもいいのにと思っている」。育男は、今ではパイプを二本から三本持てるようになり、少し強くなったと自己評価している。図13は、下位線に不安定さが感じられるが、育男が社会性や男性性を取り入れてきつつあることがうかがえた。

⑥審判後の経過

このケースは、約六カ月間の試験観察を経て、当初の目標がほぼ達成でき、シンナー吸引もほとんど止まったので、不処分決定になった。不処分決定一カ月後に、余罪（青少年健全育成条例違反「深夜徘徊」）の審判が予定されていたが、私が急病で一カ月入院してしまい、審判時、育男には会えなかった。私が入院中、育男は職場を辞め、正月に帰省した昔のシンナー仲間と、シンナーを再び二、三回吸引した。退院後、母親が育男を連れて来た。育男に審判後の気持ちを訊くと、私が入院してほっとした気持ちと、何に頼っていいかわからない不安が出て来たと言う。

試験観察が終了しても、自分のことを理解しようとした人が、同じ場所でゆるぎなく居続けることの意味が、こんなに大切なものかと感じざるを得なかった。以後、育男は自動車学校に行き始め、再犯も起こしていない。

〈まとめ〉

ア、内気で自己表現が十分できなかった育男にとっては、家族画が「ことばの添え木」として働き、家庭や家族成員に対する思いを述べることができた。家族成員にとっても、合同動的家族画を介して育男との接し方を学び、家族力動に変化が生じ始めた。

イ、育男は、家族画の中で象徴的に対象（父親）喪失による「喪の仕事」をいくらかしたことにより、死への不安が薄らぎ、シンナーを止めていく契機になったと思われる。

ウ、試験観察の経過を、家族画の変化（空想の家族場面を描いた非現実的段階→現実の対人交流を描いた現実段階→仕事場面を描き、男性性を取り入れ始めた社会化の段階）で検証することができた。

エ、家族がかかえている課題を解決するには、まず今までの家族関係をいったん整理し直す必要がある。整理していく中で、家族の現実とイメージの差異を明らかにし、その差異を統合できるような新たな家族成員相互の家族関係を作っていくことが大事ではなかろうか。家族画は、この家族の現実とイメージの差異を浮かび上がらせ、新たな家族関係を作っていく小道具として活用できたのではなかろうか。

夫婦とも家庭団らんを求めて ― 夫婦に動的家族画を活用〈Ｃケース〉

①申立ての趣旨

妻（恵子・二十八歳・会社員）から、夫（幸夫・二十八歳・会社員）に対し、金銭問題と夫の暴力を理由に、離婚調停の申立てがなされた。後日、夫からは夫婦円満同居の調停申立てがなされた。

②家　庭

夫婦の間には子どもはなく、夫婦二人だけの生活だった。二年間の結婚生活を経て、現在、別居生活をしている。妻の恵子は、社交家で多弁。努力家でもあり知的能力や自己評価も高い。

一方、夫の幸夫は真面目で実直、内向的で口下手。動作が緩慢で周囲をイライラさせることがある。被害感、猜疑心が強く、自己評価は低い。

③申立てまでの経過

恵子は、三人きょうだいの第一子、長女として出生した。父親は地方都市の公務員で、家庭では封建的で亭主関白だった。子どもの躾にも厳しく、勝気な恵子はよく反発していた。恵子は、学校時代は常にトップクラスの成績だった。大学卒業後は、ＩＴ関連の会社に専門職として就職した。

幸夫は、三人きょうだいの第二子、長男として出生した。父親は漁師で経済的に豊かではなかった。母親は漁の手伝いをしていたが、精神的に不安定で、夫婦仲は良くなかった。成績は普通で、苦学して大学を卒業し、図書販売会社に就職した。

二人は一年ほど交際した後、二十六歳のときに結婚した。恵子は、幸夫がやさしそうな感じの人に思えた。幸夫は、恵子が高学歴で、性格も明るく頼りがいのある人に思えた。結婚して、まもなく生活費の負担を巡って夫婦喧嘩になった。幸夫は恵子の口数の多さに腹を立て、恵子にひどい暴力を振るった。恵子は、やさしいはずの幸夫が暴力を振るったことに信じられない思いだった。

その後も、金銭や家事労働の分担を巡って夫婦喧嘩が絶えなかった。夫婦喧嘩の後は、お互い口をきかなかったが、一週間ぐらいで幸夫が謝り、なんとか夫婦仲もおさまっていた。

恵子は、結婚一年後に再びＩＴ関係の会社で専門職として働き始めた。間もなく幸夫と同程度の収入を得、家計を管理している恵子の立場がさらに強くなっていった。幸夫の不満は強くなり、稼働意欲が減退し、転職を繰り返すようになった。そのような幸夫に、恵子は「経済的には妻に依存しているくせに、男としての見栄から威張る面と、夫婦だから協力しろという甘えがある」と受け取っている。

夫婦仲はさらに悪化していき、幸夫は口では負けるので、再び暴力を振るうようになった。恵子の申し出により、しばらく冷却期間を置くために、結婚二年後に別居をした。別居後、幸夫は恵子の浮気を疑い、嫌がらせを始めた。恵子は、もう一度やり直したい気持もあったが、離婚を決意して、家庭裁判所に離婚の調停を申し立てた。

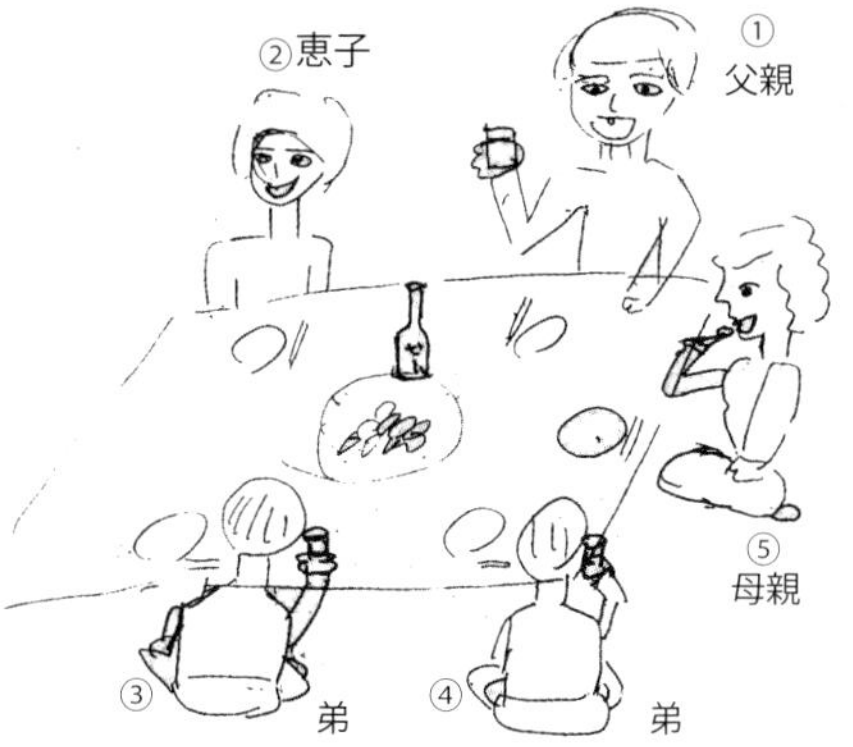

図 14　恵子の家族画

④ 調査、調停等の経過 ― 家族画を取り入れて

調停開始前の調査官調査で、双方から結婚や別居の経緯を聴く中で、夫婦としての役割期待の差異や家族像を把握するために、二人に家族画を描いてもらった。

□恵子の家族画（図14）

描いた順序は、父親（右上）、恵子（左上）、弟二人（下）、母親（右横）だった。絵の説明は、実家の家族五人が楽しそうに夕食をとっていて、ビールで乾杯しているところ。こんな家庭を幸夫と作りたかったが、

図 15　幸夫の家族画

二年間ではできなかった。父親が大きく一番目に描かれていたので、男性像を把握するために、実家の父親について聴かせてもらった。

父親は責任感があって大きく、亭主関白で言動に間違いはなかった。若いときは、封建的な父親に反発する気持ちが強かったが、尊敬もしていた。幸夫は父親とは全く違ったタイプで、幸夫を選んだのは、父親へのコンプレックスがあったからかもしれないと言う。

結婚生活で思い出すのは幸夫からの暴力で、楽しいことはほとんど思い出さない。別居当初は様子を見たい気持もあったが、やり直せる気持ちもなくなった。

□幸夫の家族画（図15）

家族四人が、囲炉裏を囲んで夕食を食べている。描いた順序は、恵子（上）、子ども1（右横）、子ども2（下）、幸夫（左横）であった。実際には存在しない子どものことを訊くと、子どもが本当に欲しかったと言う。恵子は夫婦関係を拒否することも多かった。幸夫が会社を辞めてから、恵子が経済的、精神的に優位になり、ついに金銭、性などについて恵子からコントロールされてしまった。絵の中の幸夫は、子ども達の顔を見てほっとしているところ。恵子からは、いつも暴力を挑発されているみたいだった。証拠はないが、恵子は浮気をしているみたいだ。それがはっきりするまで離婚はしないと言う。

□恵子から見た幸夫の家族画

幸夫の了解を得て、家族画を恵子に見せたところ、感想は次の通りであった。幸夫は、本当は実家の父親のように家の大黒柱になりたかったのだと思う。経済的に逆転してしまい、今から思えば暴力でしか恵子に勝てなかったのだと思うと、可哀相な気がする。幸夫が子どもを欲しがっていたのは知っていたし、恵子も欲しかった。別居する頃は夫婦関係を拒否したが、それ以外は拒否していない。被害的に思い込んでいるのではないか。

⑤調停の経過

調停は二回開催されたが、双方の主張は変わらず恵子は調停を取り下げた。理由は、幸夫と協議した結果、当面、別居をしてしばらく様子を見たいということであった。その後の経過はわからない。

〈まとめ〉

夫婦とも、描いた家族画は現時点ではなく、恵子は父親を中心とした原家族を、幸夫は夫婦の間に存在しない子どもを加えた将来の家族を描いた。幸夫の絵は、恵子がリーダーシップを取りながらも囲炉裏が赤々と燃え、暖かさが感じられる。恵子が家庭に求めていた「家族団らんや暖かさ」と同じようなものを求めていた。お互い家族に求めているものは同じように思え、恵子はそれに気づき始めている。しかし二人とも、現在のところ何とかしようという姿勢が弱いように思える。

夫婦、親子関係の調整 ― 少年や両親に家族間交互色彩分割法を活用〈Ｄケース〉

①少年、事件内容

一郎（十七歳・カラオケボックス従業員）は、暴走族に加入して暴走行為中に、仲間のオートバイが通行中の普通車から接触、転倒させられたことに憤慨し、運転者に暴力・傷害をあたえたもの。家裁には、二回の係属歴（シンナー吸引・オートバイ窃盗）があり、保護観察中であった。本件で逮捕され、少年鑑別所に入所した。

②家　庭

六人家族。両親（父親・四十五歳、母親・四十一歳）は農業で生計を立てている。実兄（二十歳）は専門学校生、妹は高校一年生。父方祖父が同居している。実権は祖父が握り、実質上、母親を中心にして一家はまわっている。

祖父と父親とは、家業を巡っていつも口喧嘩をする。父親は頑固で非社交的、一郎の問題行動のたびに一郎と母親を叱責している。母親は多弁で社交家、夫婦不仲で婦人会活動などに逃避している。一郎は家庭には親和性が見られるが、父親には息苦しさを覚えており、イライラすると妹に当たったりしている。兄は、父親に似て生真面目で、一郎に説教して、一郎とは疎遠である。

③生育歴等

小学・中学時代はスポーツ万能で、特に野球部で活躍した。中体連（夏の大会）が終わって、何もすることがなくなったころから深夜徘徊を始める。

工業高校に入学するが、同級生との喧嘩で謹慎処分を受けたり、バイクの窃盗事件を起こしたりして、一年の時に退学する。退学後、アルバイトをするが転職が多く、十七歳の時に母親の勧めもあって定時制高校に入学した。

昼間は農業の手伝いをし、夜は定時制高校に通学するようになった。まもなく学校帰りに暴走族と付き合い、シンナー吸引を始める。暴走行為にも参加したり、シンナー吸引等で保護観察決定を受ける。保護観察後、自動車整備工場に就職して保護司との関係も良好であったが、雇い主に事件が発覚し退職した。高校にも事件により退職したことが知られて出校停止処分になった。生活が再び崩れ始め、暴走族との交際も再開し、本件に至った。

④家庭裁判所での経過

少年と両親、高校教師と面接した。非行性の深度、家庭環境、就職先、保護司との関係などから、試験観察（在宅）の意見を提出した。審判の結果は、試験観察（在宅）となった。

試験観察では、まず家庭内に一郎の居場所をつくり、父子の関係改善、夫婦関係の調整、暴走族からの離脱、職場への定着を目指して実施した。具体的な方法は、家族間交互色彩分割法、課題式日記、家族関係図式投影法、自己スケーリング法などを実施した。ここでは主に家族間交互色彩分割法に焦点を当てて報告する。

試験観察は約五カ月実施し、一郎と両親には、合計八回の面接を実施した。

□第一回

試験観察と目的を説明し、一郎にも自分で考えて小目標（カラオケボックスのアルバイトを真面目にする。暴走族からの離脱）を持たせ、試験観察の動機付けをした。家裁に来る時は、両親揃って来ることを約束してもらった。

□第二回

一郎は、元ヤンキーの店長と気が合い、仕事だけでなく釣りも一緒に行っている。父子関係の改善と夫婦関係の調整を目的に家族間交互色彩分割法を実施することにした。家庭で二枚実施し、面接時に持参するように依頼した。母親は乗り気で、父親は何か診断されるのではないかと不安げであった。両親には、楽しみながら描いて欲しいと伝えた。

色彩分割法の一般的な実施法（志村実夫、一九九一）を踏まえ、次のように実施した（図16）。

まず家族員からペアを一組選び出す。その内一人を発起者と決める。本ケースの場合は、両親をペアにし、一郎を発起者にして、一郎が「やろう」と言い出さない限り、夫婦は色彩分割図ができ

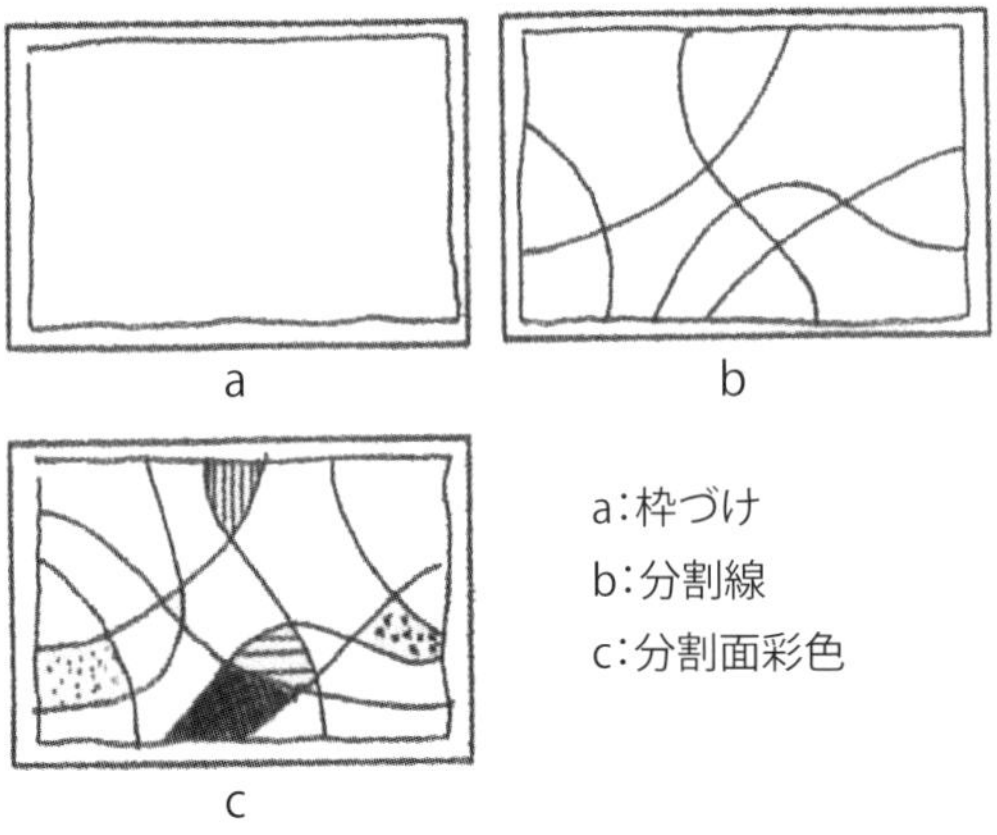

図 16　家族間交互色彩分割の進め方

図 17

図 18

ないことにした。彩色具は、色鉛筆からクレヨン、パステルまで幅広く選択していくが、本ケースの場合は、家庭での宿題にしたので、クレヨンか色鉛筆になった。

一郎が色彩分割法を提案して、父親が一筆書きで画用紙に枠付けを行う。次に、両親が交互に分割線の線引きを行う。その後、一つの分割面を父親から彩色を始め、父母が交互にそれぞれ一つずつ分割面を彩色していく。最後に一つの分割面が残った時点でいったん休止し、父親は母親が彩色したい色を考えて、母親に色彩の選択が妥当であるかどうかを訊く。妥当であるかどうかは、母親の主観に任される。母親が「否」と言えば、父親は新たな色彩を選び、母親に改めて色彩の是非を問うことになる。

繰り返しこの作業を行い、母親が了承した時点で父親は最後の分割箇所の彩色を行い、描画が完成する。両親は出来上がった描画を上下左右に回転させながら、それぞれ気に入った位置関係を決める。一郎は、それぞれが気に入った位置関係と所要時間を画用紙の裏にメモしておく。作業は全員無言で実施し、最後にことばを交え、描画を振り返りながら描画鑑賞をして作業は終了する。

□第三回　色彩分割図二枚（図17・18）提出。

一郎は、「色彩分割図は両親が一緒にしており、家庭に笑いがあるので楽し

図 20

図 19

図 21

い」と言う。母親は日頃と違い最後の色当ては、父親に妥協しない。両親の作業を見ていた一郎の妹も、参加したいと言いだしたとのことである。

一郎は暴走族との付き合いは止めていたが、夜遊びのため帰宅が夜中になることもあった。両親は、家裁に色彩分割図を提出するために起きて待っていることが時々ある。

□第四回　色彩分割図二枚（図19・20）提出。

母親は、色彩分割図（図20）を「三月三日に実施したので、ピンクで迫った」と楽しそうであった。しかし、父親は色彩分割図の二枚目の最後の色が当たらないものだから母親に怒り出す。私がその点を確認すると、台風の影響で農業が痛手を受けてイライラしていたと母親に謝罪した。一郎がアルバイトを真面目に続けていたので、誉めてやって欲しいと両親に助言した。

□第五回　色彩分割図（図21）他二枚提出。

一枚目（図21）は妹も参加。一郎によれば、今回妹が加わったので賑やかになり、画面も明るくなった、母親は父親が柔軟になり、口うるさく言わな

図 22

図 23

くなったという。一郎は、店長への同一視が始まり、仕事以外に釣りに熱中し、釣りを通じて親戚との付き合いも始まった。

□第六回

一郎は夜遊びせずに生活リズムも出来てきた。ただ、家裁の出頭に遅刻気味になっていたので、厳しく注意した。

色彩分割図は二枚提出。母親によれば、父親は最初の頃は黒や灰色を塗っていたが、赤やピンクを塗るようになり、塗る領域も母親の塗った側に寄り添うように塗りだしたという。

一郎には、「結婚するまでの歴史」を父親から聞いて、日記帳に書いてくることを宿題にしていた。そこで、父親の生育史が話題になり、同居している父方祖父との葛藤、自衛隊員としての挫折感、十二回目の見合いで母親と結婚したことなどを聞く。一郎は、父親の生育史を聞き、自分と似ている点に気づき親近感を感じる。父親も自分の歴史を話せてよかったと言う。

□第七回　色彩分割図二枚（図22・23）提出。

母親は春で暖かくなったので水色を使ったという。父親も母親の色使いが少しわかるようになり、赤色を母親の彩色領域の側に塗っている。

一郎は自動車学校に通い始め、表情が生き生きとし始めた。母親の生育史を

図 24

図 25

聞き、母親が思いのほか頑張り屋さんであることがわかったという。試験観察を終了することについての意向を確認し、一郎と両親に感想文を記入するように依頼した。

□第八回　色彩分割図二枚（図24・25）提出。

二枚は色彩も鮮やかで緑色も多く、四月の季節を感じ、家族の旅立ちの色のように思えた。一郎の感想は、普通の生活をすることは難しかったと言う。両親の感想は、父親が柔軟に変化したこと、色彩分割図は家族全員ができて楽しかったこと、お互いの違いがわかったという。父親は昔から絵が好きだったということで、スケッチに行ったり、絵画教室に通い始めた。

⑤審　判

試験観察は約五カ月間続いた。試験観察中は再犯もなく、試験観察の目標も達成できたので、保護観察の継続を前提に、事件は不処分決定で終了した。

〈まとめ〉

両親が色彩分割図の作業をしていく過程で、お互いの気持ちを少しずつ推し量るようになり、特に父親は母親の気持ちを考えるようになった。一郎は家庭内に居場所がなかったが、色彩分割図で両親をリードすることができ、家庭内に自分の居場所を作ることができた。一郎と両親との関係も、母親とは適度な「間」ができ、父親も煙たい存在ではなくなっていった。

このように色彩分割図は、作業の過程で家族員同士が「間」の調整をすることができます。

描画の実際

描画を実施する前に

ほとんどの心理テストの場合、セラピスト（治療者）は一度クライエントの立場に立っておくことが大事だと言われています。信頼がおけるセラピストの前で描く時、恥ずかしさ、戸惑いなどいろいろな思いが湧いてきます。その思いを十分味わっておくことは、クライエントの気持ちに近づけ、特に描画後のインタビューに役立つことが多いように思います。

次に、セラピストが実施する描画を好きになれるかどうかです。好きになれば、その描画のことをもっと知りたいと思い、一つの描画法から他の描画法へと広がりを見せていきます。治療理論にも当てはまると思いますが、その描画法が生まれてきた経緯をたどれば、効用と限界も次第にわかり、実施する上で謙虚さも出てくると思います。

現在、描画法は多様な種類があり、その選択については、クライエントの課題の内容とセラピストの得意分野が関数になります。

描画（家族画の場合）の実施

①実施に当たっての心持ち

心理テスト一般にそうですが、特に家族画の場合、セラピストとの関係の中で描かれる要素が強く、面接場面が絵になんらかの形で投影されると言えます。いわば、クライエントはセラピストが許容する範囲においてしか表現しない。これは言語による面接と同じであり、面接が上手な人は、心理テストを媒体にして面接をうまく膨らませクライエントに役立てています。したがって、クライエントが描画を断ることや、描画後に消せる自由を担保している雰囲気作りが大切になります。

ある非行少女が、その時にはことばでは表現しませんでしたが、描画後のインタビューで、父親が転職を何度も繰り返し負債があること、父親に大黒柱としてしっかりして欲しい気持ちと反面、親和感情もあるという意味合いのことが語られ始めました。そして、面接の最後に、「この絵を消しゴムで消していいですか」と突然言いました。

消した後に理由を訊ねたら、「恥ずかしいから」ということでした。クライエントが絵で表現しようとするもの、表現してしまったものを見られる不安、恥ずかしさなどを十分にセラピストがわかっておく必要があります。基本的には、クライエントがセラピストの導入に触発され、能動的に無理をせずに描くということを姿勢として持っておきたいと思います。

②描画を実施する場面、対象者、時期

さて、実際にどのような場面で家族画を実施したいと思うのでしょうか。

一般的に面接を喩えて言えば、セラピストがクライエントの話を聴きながら映写機を回し、セラピストのスクリーンにその物語を映し出している面があります。映像がぼやけたところが訊きたい点です。ことばではイメージが浮かびにくい場合に家族画を実施することが多いようです。この手順だと面接の流れから描画が突出することがなく、浮き上がらずにすみます。

A、B、Cのケースでも、面接時には、家族のイメージを具体的に思い浮かべています。しかし、夕食時の様子や家族の匂いみたいなもの、それらが十分に浮かんでこなかったので、描画を描いてもらいました。具体的には、心理テストについて簡単に説明し、「あなたが、家族のことをもう少しわかるかもしれないので、やってみませんか」と導入しています。次に対象者の選択の問題があります。

基本的には、セラピストが、家族画を実施することがクライエントにとって有益であると思えるかどうかでしょう。どのような対象者に実施するのが有益なのか挙げてみます。

ア、言語能力が不十分で、クライエントが家庭の様子を伝えにくい場合。

イ、家庭内になんらかの葛藤が感じられ、その葛藤に気づき始めているが言語化できずに問題が生じている場合。

ウ、家庭や家族に対する関心が著しく低く、表現することのエネルギーが低下している場合。遊び的要素がある家族画の実施でエネルギーが高まってくることがあります。

これらのクライエントに実施するといっても、連続的に実施するとマンネリ化しやすくなります。継続的な面接の場合は、面接の節目で実施することによりクライエントに有益になります。更にクライエントがどの程度の課題を持ち、その課題をどのように思っているかによって実施の効果が違います。自己を振り返る時期や非行の回復期のほうが、クライエントにとって利益になることが多いようです。

③描画中のセラピストの態度と具体的作業

描画中は、表情や戸惑いなども「読み」をする上で大事な情報になるので、セラピストは同席しておくほうが有益です。セラピストは同席して描画を凝視するのではなく、無理をせずにぼんやりとクライエントが描こうとしているイメージを共有するような感じでいられたらいいと思っています。また、セラピストも時々、別の画用紙に絵を描くことがあります。「どんな気持ちで描いているのだろう、この人はお母さんかな、姉さんかな、この線はどこに伸びていくのだろう……」と、クライエントのイメージを追体験していくような姿勢でいると、セラピストに多様なイメージが浮かび、描画後のインタビューの手がかりになります。

クライエントは、描き終えると、面接中とは違った表情で、なんだか照れたように「終わりました」ということを、言葉ではなく態度で表すことが多く、その時、クライエントが、Ａ４の画用紙の世界に一歩足を踏み入れ、現在、過去、未来に小さな旅をして帰ってきたような感じを持つことがあります。私は、クライエントに時々、どんな気持ちで描いていたのか訊ねることがあります。「小さい頃の楽しい家族を思い出していた」、「懐かしい気持ちがした」、「こんな家族になったらいいなあーと思いながら描いていた」などと返ってきます。

セラピストが描画中に見ておいたほうがよいと思う点は、概ね次の通りです。(ア)描き始めるまでの驚きや戸惑い、(イ)家族員を描く順序、(ウ)特定の人物を描く時の手間やこだわり、(エ)描いている時の様子や表情、(オ)所要時間、等です。

描画後のインタビューと返し方

インタビューで大切なことは、①クライエントが家族画の中に何をイメージして描いたのかを把握すること(事実の把握)、②その事実と、家族画以外の情報からセラピストの側に湧き上がってくる「読み」をどのようにクライエントとのコミュニケーションに活かしていくか、の二つあるように思います。読み方についてはいろいろな成書があるので、ここでは②の点について考えてみたいと思います。

高橋雅春(一九八七)によれば、クライエントが家族に対して抱く感情や欲求について、自分が意識して言語化できる程度を三つの水準に分けています。第一水準は、クライエントが明確に意識している家族布置の情報、第二水準は、クライエントが漠然と感じているが、ことばで明確に表現できない家族布置、第三水準は、クライエントが全く意識していない家族布置の情報です。

セラピストとしては、まず、クライエントが主にどの水準で表現しているのか把握する必要があります。第一、第二水準は、描画がことばの添え木になり面接が膨らんでいきます。Ａ、Ｂケースともそうです。第三水準は、面接と同様、クライエントの自我の状態とタイミングを摑むことが大事でしょう。

通常、セラピストの「読み」は頭の片隅に置いておきます。描画中や描画後のインタビューで、クライエントの心の中に新たな気づきが生じ、それを言語化し、自我に統合していけたらいいと思います。描画の「読み」を二者の間で共有化することにより　面接に膨らみが出てきます。具体的応答は、家族画をどのように「読む」のかによって変わってきます。

ロバート・Ｃ・バアンズ（一九七五）らはＫＦＤ分析表を作成していますが、それを参考にしながら、概ね次のことを訊いています。

①クライエントと二人でしばらく家族画をながめた後、導入時、どんなイメージを思い浮かべ、何を描こうとしたのだろうか。実際には何を描いたのだろうか。

②思うように描けたのだろうか。付け加えるとすれば何を付け加えたいのだろうか。このことは、描画後の後味を大切にしたいからです。

③描いている時、どんな気持ちだったのだろうか。

④家族画の説明。誰が、何をしているのだろうか。描いた人物の気持ちと、その人物は何か話しているのだろうか。描かれた絵が現在ならば、過去はどうだったのだろうか。将来はどうなっていくのか。このように未来に向けた時間軸を入れていく。

表1　描画過程の中でセラピストが心得ておきたいこと

	Th（セラピスト）	Cl（クライエント）
導入	脈絡のなかで、導入が浮き上がらない。Clが家族のことをもう少し理解できるかもしれない。 ↓	驚き、拒否、色々なイメージが浮かび、選択、描画を行う。 ↓
実施	現場にいる。Clの気持ちを追体験するような心持ち。プレゼントをもらうような姿勢でいる。 ↓	描画中の気持ち（小さな旅から帰ってくるようだ）。終了したという微妙な表情。 ↓
描画後のインタビュー	・お互い静かに眺める（味わう）、描画を媒体にした三者関係。語られる対象としての描画。 ・Thはおもむろに導入時の驚きから終了までを追体験する。思ったように描けただろうか。付け加えるとしたら何を。 ・絵の説明。絵の中の人物の行為、気持ち。時間の流れを入れる。 ・題がつけられるとしたら、どのようなものをつけるのか（イメージをまとめる作業）。 ・改めて絵を見て、Clは自分の絵をどう読むのか。Clに発見や気づきがあればうれしい。ThはClが受け入れられる範囲で「読み」を返す。 ・明日への芽、健康な部分を見つける（描画後の後味を大事にする）。	

未来の時間軸を入れることは、少し先の未来に向けて、今の生きる姿勢を確かにするという効果があります。過去から未来に向けての時間軸を入れることで、家族画に音が入り、絵物語になっていきます。この作業は、イメージのごった煮のようなものを一筋の糸でつないでいくことに似ています。

⑤最後に家族画を改めて見て、「題」を付けられそうだったら付けてもらう。

これには、クライエントの中にかき立てられたいろいろなイメージを、一つにまとめていく意図もあります。いろいろな題がありました。例えば、父親が出漁する絵に「大安吉日」、家族がそれぞれの部屋で夕食をとっている絵に「別々の生活」、夕食時にいつも父親から説教されるので、夕食の絵に「教育」と付けられたものもありました。

導入から終了までの描画過程で心得ておきたいことを、表1にしてみました。

次に「返し方」です。返すことには二つの側面があります。「伝えること」と「役立てること」です。セラピストが面接の中でどのように返していけば、クライエントに役立つのかを考えてみます。

Cケースは、恵子に「お互い、家庭に同じようなものを求めていたんですかね」と返しています。Aケースは、秋子が、エプロンが母親の象徴であることを語っているので、それ以上、言うことはありませんでした。

返し方の方法や内容は、セラピストがクライエントの診断や治療、処遇にどのように関与し、どの程度の責任と権限を持っているかによって違ってきます。少なくとも、テスト結果は、明日を生きていくクライエントにとって希望が出てくるような、クライエントが自分の課題をなんとかしたいと思うような気持ちが起こる返し方を工夫する必要があるでしょう。クライエントが絵を見て、今まで思いもよらなかった気づきが出てくれば、なおいいと思います。

描画の多面性

三者関係

対話精神療法の中で、二等辺三角形を作ることによって、眺め・語る関係ができると指摘したのは神田橋（一九九〇）です。三角形の一つの頂点に、語っているクライエントがいて、もう一つの頂点にセラピストがいる。残るもう一つの頂点には、二人が話題にしているクライエントがいる。語られているクライエントについて、語り合っているセラピストとクライエントが考えている。

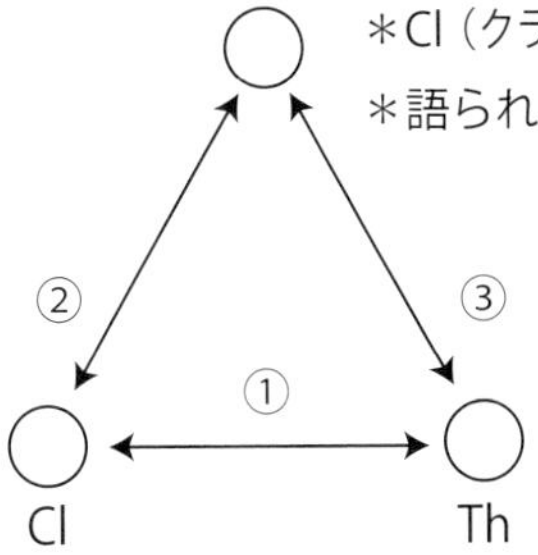

＊Cl（クライエント）とTh（セラピスト）によって語られるCl
＊語られる描画

①二者関係。家族画（描画）で三者関係ができ、家族画（Cl）を眺め、語る関係ができやすくなる。
②Clの家族イメージ、自己イメージ及びThの投影。描画からClの気づくもの。
③Thの家族画に対する印象、理解。描画から訴えてくるもの。

図26 家族画による三角形の構図

クライエントに「今、話を聴いていたらこんなふうにイメージが浮かぶけど、あなたはどう思う」、「こんな考え方があるけど、あなたはどう思う」と訊くと、面接は、語られているクライエントを二人でどのように考えるかの共同作業になります。

語られているクライエントを描画に置き換えることもできます。例えば、Aケースの場合、家族についてことばで語られることは少なく、二等辺三角形にはなりにくかったのですが、家族画を実施することによって物理的に二等辺三角形ができ、絵の中のクライエントとして語られやすくなりました。これをまとめたのが図26です。

私は時々、絵の中の人物の気持ち、例えば「絵の中のA子ちゃんの気持ちは、どうなんだろうね」と訊きます。この二等辺三角形のイメージを持ちながらクライエントと共同作業をしていくと、家族画の「読み」もクライエントにとって役立つものになると考えます。

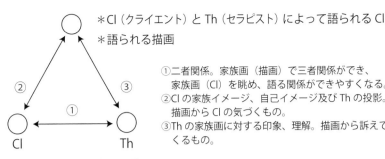

間の調整機能

描画は、セラピストとクライエントの「間」の調整機能を果たす側面があります（山﨑一馬、二〇〇二）。では「間」とは何でしょうか。相撲や野球などによく「間合い」ということばが使われますが、他にも「合間」、「手間を取る」、「仲間」、「間に合う」、「間が持つ」など、枚挙に暇がないほど、「間」は日本文化に根付いています。「人間」という成語にも「間」が使われています。

精神科医の木村敏（一九八七）によれば、中国では、本来人間という言葉は、人と人との間、人の間という文字通りの意味で使われていたものが、日本に輸入されてから、一人一人の人物の意味で解釈されて運用されてしまったそうです。つまり、日本人は人の本質といったものを、個人の内部でなく他者との関係に見ていたと言えます。

他者との関係と言えば、「間柄」という言葉があります。「柄」には模様の意味もありますから、「間柄」は「間の模様」とも言えます。つまり、「間」は、人と人との関係、つながりを成立させている基本的な力動であり、「間」が変化することにより、他者との関係などが変化すると言えます。

面接場面では、お互いに適度な「間」が持てると次のようなことが起きやすくなります。①コミュニケーションを円滑にすることができる、②イメージが浮かびやすくなり、課題（家族、学校など）に対して対象化しやすい。セラピストの中には、言語によってうまく適度な「間」を作る人もいます。

描画を実施すると、その結果、セラピストとクライエントの「間の模様」が変化し、クライエントの家庭及び社会との「間の模様」にまで変化が起きやすくなります。Dケースで言えば、家族員の間合い、特に夫婦の間合いや一郎と両親の間合いが、色彩分割図が契機になって適度になり、家族関係の再構築ができ始めたように思われます。

心理臨床家のポケット

心理臨床家は、言語によるコミュニケーションだけでなく、自分に馴染みやすいノンバーバルなツールをまず一つ見つけたほうがいいと思います。そのツールを学習していくと、それだけでは間に合わなくなっていき、クライエントの課題に応じたツールを複数持たざるを得なくなります。ツールを選ぶ際には、最終的にクライエントと位置づけたほうが、ツールが治療から浮き上がらずに使えるのではないでしょうか。

丸谷才一の著書に『男のポケット』（新潮社、一九七六年）があります。ポケットはいくつくらいあるのか。上着とズボン、更にはコートのポケット、数え上げたら二十くらいあるでしょう。セラピストのポケットには、何が入っているのでしょうか。私のポケットには、描画法がいくつか入っており、少しずつバージョンアップさせながら増やしていっています。

終わりに

家裁調査官として三十七年間、仕事をさせていただきました。

多くの少年や保護者、家事事件の当事者に司法福祉的な援助をしながら、自分の人生観や価値観が変化していきました。変化と共に自分のストライクゾーンが広がっていったように思います。そういう意味では、いい仕事でした。

自分とは異なる人生経験を経てきた少年や当事者の方に学ばせてもらう謙虚さを心がけてきましたが、実際にそれができたのかどうか心許ない思いです。

この原稿は、後輩の宮田和佳主任家裁調査官（現在、福岡家庭裁判所勤務）が、二〇〇一年から七年間開催された「調査官のポケット」（先輩から後輩への伝承の会）で、毎年ワークショップや講演等をした内容が下敷きになっています。この下敷きを材料に、毎夏、鹿児島で開かれていた神田橋先生の合宿研修でその中身を膨らませていったように思います。その意味では、私にとって本書は、合宿研修の卒論でもあります。

また、ささやかな本にしたのは、自分が仕事で得た経験や技術を少しでも社会や人間関係援助職に就いておられる方々に伝言できたらと思った次第です。

当初の目的が達成できたのかどうか自信はありませんが、少しでもお役に立てば幸いです。

二〇一五年七月

歳晩や五勝四敗一つ分け

水　馬

〈参考文献〉

石川元（一九八三）『家族絵画療法』海鳴社
ロバート・C・バアンズ／S・H・カウフマン著、1972 Actions,Styles and Symbols in Kinetic Family Drawings:An Interpretative Manual.NewYork:Brunner/Mazel. 加藤孝正他訳（一九七五）『子どもの家族画診断』黎明書房
薩摩菜々作・永松美穂子絵（二〇〇五）『あしたてんきになあれ』未知谷
奥野宣之（二〇〇八）『情報は1冊のノートにまとめなさい』ナナ・コーポレート・コミュニケーション
神田橋條治（一九九〇）『家庭裁判所調査官の役割と技術』家庭裁判所月報 42-2
向井去来 他（一九九一）『去来抄・三冊子・旅寝論』岩波文庫
世阿弥著、小西甚一翻訳（二〇一二）『風姿花伝・花鏡』タチバナ教養文庫
向田邦子（一九七八）『父の詫び状』文藝春秋
夏樹静子（一九九七）『椅子がこわい ― 私の腰痛放浪記』文藝春秋
下山晴彦（二〇〇二）『カウンセリング的法律相談の可能性』現代のエスプリ 415　至文堂
荻原浩（二〇〇四）『明日の記憶』光文社
山﨑一馬（二〇〇七）『一枚の家族画からのメッセージ』甲子園大学発達・臨床心理センター紀要二号
佐々木正美（一九九八）『子どもへのまなざし』福音館書店
島秋人（一九七四）『遺愛集』東京美術選書 9
山下京子（一九九八）『彩花へ ―「生きる力」をありがとう』河出書房新社
開高健（二〇〇九）『裸の王様・流亡記』角川文庫
吉村英夫（一九九四）『父よ母よ』学陽書房
村瀬嘉代子（二〇〇三）『統合的心理療法の考え方』金剛出版
坂元慶行（一九九五）『日本人の国民性調査 ― 四〇年間の意識動向』統計数理 43-1

ＴＢＳラジオ　ミッドナイトパーティー、月刊ポップティーン編（一九九四）『バツイチの子供たち―娘から親へ』飛鳥新社
最高裁判所（二〇一三）パンフレット「面会交流のしおり―実りある親子の交流を続けるために」
岡田甫（一九九九）『誹風柳多留全集新装版　第二巻』三省堂
市井三郎（一九七一）『歴史の進歩とはなにか』岩波新書
小此木啓吾（二〇〇一）『ドゥーイング・ファミリー』ＰＨＰ研究所
永六輔（二〇〇〇）『夫と妻』岩波新書
村瀬嘉代子（二〇〇五）『生きられた時間を求めて』臨床描画研究二〇　北大路書房
山﨑一馬（二〇〇四）『言語の添え木としての描画療法』臨床描画研究一九　北大路書房
山﨑一馬（一九八九）『家庭裁判所での事例―少年事件を中心に』現代のエスプリ267　至文堂
石川元（一九八六）『家族画（ＦＤＴ、ＤＡＦ）と合同動的家族画（ＣＫＦＤ）』臨床描画研究一　金剛出版
山﨑一馬（一九八六）「離婚事件と家族画（ＫＦＤ）」『家族療法の理論と実際〈一〉』星和書店
山﨑一馬（二〇〇二）「間の調整機能としての描画法」『家族描画法ハンドブック』矯正協会
志村実夫（一九九一）『アートによる夫婦療法』臨床精神医学二〇（七）アークメディア
志村実夫（二〇〇三）『発達の視座によるアートセラピィーの適応』臨床描画研究一八　北大路書房
高橋雅春（一九八六）『ＨＴＰＰテスト』臨床描画研究一　金剛出版
神田橋條治（一九九〇）『精神療法面接のコツ』岩崎学術出版社
木村敏（一九八七）『人と人とのあいだの病理』河合文化教育研究所
丸谷才一（一九七六）『男のポケット』新潮社

山﨑　一馬（yamasaki kazuma）
1973 年　関西大学文学部卒業
1973 年　家庭裁判所調査官補。その後、家庭裁判所調査官として、福岡、佐賀、長崎、家庭裁判所調査官研修所、鹿児島、熊本、大阪の各家裁等を歴任。
2010 年　定年退職。現在　臨床心理士、西南学院大学及び福岡女学院大学非常勤講師、法務省北九州自立更生促進センターカウンセラー等。
〔著書等〕
『家族療法の理論と実際〈1〉』（共著）大原健士郎他編　1986　清和書店
『家庭事件調査における家族画の活用』1988　調研紀要 54 巻
『家族画ガイドブック』（共著）1989　遠藤辰雄監修　矯正協会
『家族療法と絵画療法』（共著）1989　石川元編　現代のエスプリ 267 号　至文堂
『家族描画法ハンドブック』（共著）2002　空井健三監修　矯正協会
『間の調整機能としての家族間交互色彩分割法―父母を復縁させようとしたN男』
　（志水紀子と共同執筆）2002　臨床描画研究 16　北大路書房
『言語の添え木としての描画療法』2004　臨床描画研究 19　北大路書房
絵本『あしたてんきになあれ』（共著）2005　未知谷
『一枚の家族画からのメッセージ―家庭裁判所の現場から』2008
　甲子園大学発達・臨床心理センター紀要 2 号、他
〔訳書〕
「Using Drawings in Assessment and Therapy」Gerald D.Oster & Patricia Gould
　1987　New York:Brunner/Mazel
　『描画による診断と治療』2005　加藤孝正監訳（共訳）黎明書房

元家裁調査官からのことづて

悩みを生きる幸せ

少年非行、離婚、家族の病いを手がかりにして

発行　2015 年 8 月 3 日

著　者　山﨑　一馬
発行者　古野たづ子
発行所　図書出版木星舎
〒 814-0002　福岡市早良区西新 7 丁目 1-58-207
TEL 092-833-7140　FAX 092-833-7141
印刷・製本　シナノ書籍印刷株式会社
ISBN978-4-901483-78-10